숏_텀 _패스

숏텀패스

SHORT _ TERM _ PASS

나만의 노래를
프로듀싱 하라!

황성제 지음

Dotori

제 작 자

그대, 음악에 뜨거운 눈물을 흘려본 적 있는가? 지금은 클래식한 영화가 되어버린 영화 '미션'에서 주인공인 가브리엘이 오보에를 연주하는 장면이 있다. '넬라판타지아'라는 곡으로 재탄생되어 전 세계 수많은 사람으로부터 사랑받는 노래가 되었다. 영화음악계의 신적인 존재인 '엔니오 모리꼬네'의 곡이다.

숲속에서 원주민들에게 둘러싸여 오보에를 연주하는 장면을 보면서 엄청 울었던 기억이 있다. 죽임을 당할 수도 있는 순간에서 그가 연주한 음악의 힘으로 원주민들과 교감한다. 음악으로 원주민들의 마음을 움직였고 그들과 교감하고, 그를 죽음의 문턱에서 벗어나게 해 주었다.

음악이란 얼마나 멋진 것인가! 사람의 목소리라는 것은 또 얼마나 멋진 최고의 악기이자 신의 축복이란 말인가! 지금까지 많은 서적과 교육, 매스컴 등에서 기술적인 부분을 강조하는 음악, 특히 보컬을 보면서 진정 안타까웠다. 발성, 음정, 박자 등등 어쩌고저쩌고한다. 음악이 무엇인가?

느끼고 교감하는 것 아니었던가?

이 책의 저자 작곡가 '황성제' 님은 느끼고 교감하고 감동을 줄 수 있는 보컬 법에 대해 연구하였다. 쉽지 않았다. 진정 어려웠다. 느끼는 음악을 활자라는 것을 통해 서적에 옮긴다는 것이.

이해를 돕기 위해 작곡가 '황성제' 님이 인고의 노력 끝에 작곡한 수십 개의 음원을 수록해 놓았다.

자부한다

지금까지 어떤 곳에서도 볼 수 없었던 진정한 '비법서'가 될 것이다. 이 책을 읽는 여러분은 지금보다 더욱 매력적인 사람으로 거듭날 것이다. 여기에 설명된 비법들을 자기 것으로 소화한다면 당신은 비욘세Beyonce가 될 수 있고 최고의 프로듀서가 될 수 있다.

음악과 노래를 사랑하는 모든 사람이 이 엄청난 시크릿 노트Secret Note를 훔쳐볼 수 있기를 바라본다. 또한, 이 책을 통해 더욱 많은 사람이 음악을 사랑하게 됐으면 좋겠다.

음악은 세상을 따뜻하게 만들 것이다.

마지막으로, 이 멋진 비밀들을 공개해 준 '황성제' 작곡가님께 진심으로 감사드린다.

2018년 12월
Jeph Kwon.

추 천 사

이승환

그의 손은 전광석화와 같이 빠르고 그 어떤 흐트러짐도 없다. 그의 머리 또한 그러하다. 빈틈없이 촘촘하다. 하지만 마음은 어떠한가. 누구보다도 촉촉하며 첨단의 창의력이 함께한다. 머리와 마음 그리고 테크닉 모두를 갖춘 뮤지션, 그가 황성제다.

성시경

그와 작업할 때 죽어라 보컬 연습을 했던 기억이 없다. 언제나 즐겁게 놀았을 뿐이다. 최선을 다해 놀다 보면 최고의 음악이 완성되어 있었다. 그는 비브라토, 밴딩, 호흡 등을 어떻게 이용하고 어떻게 감정을 실어야 하는지, 어떻게 노래를 해야 하는지 정확하게 알고 있다. 그는 항상 신의 한 수를 둔다. 그는 나의 미소 천사이다. 그런 그가 좋고 그를 응원한다. 잘 읽어요~

EXO 수호

저한테 음악을 하는 것의 즐거움과 기쁨을 가르쳐 주신 황성제 님. 함께 작업했을 때 다른 것들은 잊고 음악에 몰입할 수 있었습니다. 음악은 혼자 하는 게 아니라 함께 하는 것이란 것을 느끼게 해주셨습니다.

손승연

처음에는 성함만 듣고 직접 만나 뵙지는 못했었는데, 같이 작업해보고 나니까 느꼈어요. 이래서 황성제 편곡자님을 찾는 거구나 하고…! 그리고 편곡방향을 정해놓으시고 밀어붙이시지 않을 뿐만 아니라 가수한테 최대한 맞춰주시고 아이디어까지 같이 공유해 주시니까 음악으로 소통하는 느낌이 들고 심지어 편곡이 너무 잘 나오니까 진짜 노래를 잘 부르고 싶어집니다!! 스케일에 놀라고 빠른 시간에 이렇게 노래가 바뀌는구나 싶어서 또 놀래고 그랬어요. 편곡자님하고 작업하면 걱정도 하나도 안 되고 즐겁게 노래합니다~!

이석훈

형이 책을 썼다는 얘기가 저만의 기쁨은 아닐 겁니다. 음악적으로 힘에 부칠 때마다 형에게 의지했고 나의 첫 자작곡을 함께했던 성제 형의 음악 얘기를 누구나 들을 수 있다니…. 형처럼 부드럽지만 날카로운 이 책은 여러분의 음악 인생에 큰 위로가 될 것이며 지름길이 되어줄 겁니다. 복 받은 여러분들의 미래를 응원합니다. 우리 조만간 만나서 같이 음악해요.

음반제작자 강지훈

국내가요가 K-POP이란 이름을 갖게 한 것에 아주 많은 역할을 해온 황성제 님의 "숏텀패스-나만의 노래를 프로듀싱하라" 발간을 축하드립니다. 많은 뮤지션과 음악제작자들에게 프로듀서로서 가진 넓은 장르적 스펙트럼과 유려하고 완성도 있는 멜로디와 편곡 그리고 자신이 프로듀스하는 악곡을 정확한 방향으로 맺음 지을 수 있는 집중력 등 무엇 하나 흠잡기 어려운 대표적인 K-POP 프로듀서입니다. 아무쪼록 많은 이들에게 이 책이 읽혀 더 좋은 음악인을 만들어 줄 수 있는 밑거름이 되길 기대합니다.

음향감독 고현정

그와 보컬녹음 할 때 같이 작업하고 있으면 가수와 함께 호흡하고 장점을 살리고 단점을 보완하는 완벽한 디렉팅에 놀란다. 그는 늘 열정적이고 항상 노력하고 크리에이티브하며 늘 배려하는 모습이 멋지다. 같이 작업하는 게 행복하고 배울 점이 많았다고 생각했는데 책으로 나온다니. 이건 음악 뮤지션의 테크닉에 바이블이 될 것이다.

소향

내가 아는 작곡가 황성제 씨의 천재성은 남다르다. 그가 가지고 있는 재능도 재능이지만 무엇보다 그는 노력하는 천재. 이 책을 보면 1%의 재능이라도 가진 사람이 음악을 하고 싶을 때 무엇을 놓고 고민하는 지를 짚어주고 인도할 수 있을 것 같다. 완벽한 해답을 줄 수는 없겠지만 최소한 이 책을 읽고 제2의 황성제, 제3의 황성제가 나타나 그가 만든 곡으로 사람들을 감동시킬 수 있을 것이라 믿는다. 이 천재와 작업했던 것은 행운이었다. 언제나 그의 음악에 대한 열정이 구체화 되기를 열망했던 사람으로서 난 더 많은 음악인이 이 책을 통해 그의 열정적인 음악 이야기를 들어보길 소망한다.

Contents

제 작 자   4

추 천 사   6

음악에 대한 당신의 생각은?   12

Introduction

미친척 애드립 하라!   17

당신은 이미 발성을 하고 있다.   23

Subject

비브라토를 지배하라!   37

1. 깊이(Depth)와 횟수(Rate;또는 속도)   38

2. 비브라토의 종류   44

    올디라토 44 | 플라트라토 48 | 샵 비브라토 50

    염소비브라토 57 | 에어라토 58 | 친니 트레몰로 60 | 숏텀패스 61

밴딩으로 세련되게   69

1. 밴딩이 느리다!!!   69

    깊이 78 | 빠르기; 속도 79 | 기울기 79

2. 촌스러운 것과 세련된 것   80

3. 밴딩의 종류   82

    상향 밴딩 82 | 하향 밴딩 85 | 복합 밴딩 90

리듬감! 절반은 끝난 셈이다!　　　　93

1. 옥주현이 부른 "Catch"의 비밀　　　　93
2. 스윙 / 레이백　　　　94
3. "리듬감! 이것 하나면 충분하다"　　　　99
4. 리듬의 첫 스텝 : SWING 완벽 깨치기　　　　103
5. 리듬의 두번째 스텝 : 레이백(Lay_back)의 매력　　　　109
6. Groove의 필수 : 음의 강약 (Velocity)　　　　118
7. 리듬챕터를 마무리하며...　　　　122

감정표현?! 내 숨소리를 들어봐!　　　　123

1. 이미지트레이닝 : (Image Training)　　　　123
   감정 이해하기 123 | 가사 이해하기 127
   감정을 만들어 내는 요소들 129
2. 호흡　　　　130
3. 들숨과 날숨　　　　132
4. 비브라토로 울려버리기　　　　142
5. 소리의 다이나믹 볼륨조절　　　　143

────────── • Conclusion • ──────────

같이 놀자! 놀면서 앞서가자!　　　　149

무대 위에 서라! 성격도 바꿀 수 있다!　　　　157

이제 되었다! 쉬어라!　　　　163

음악에 대한 당신의 생각은?

1. 평소, 음악에 관심을 많이 가지고 있다.

음악을 업으로 하려는 생각까지는 없다. 하지만 음악을 많이 좋아한다. 노래를 부른다면 최고는 아니더라도 부끄럼 없이 잘 했으면 좋겠다. 더 나아가 사람들로부터 나만의 노래를 하는 나의 모습에 매력을 느끼게 하고 싶다. 음악에 대해서 이야기할 때에도 무지해 보이기 싫다.

2. 음악을 해보려고 진지하게 고민 중이다.

당장은 '어려운 길' 일 수 있겠지만 음악 인생을 살아보려 한다. 하지만 고민이 많다. 어떻게 해야 할지 무엇을 먼저 시작해야 할지 모르겠다.

3. 이미 음악을 하고 있다.

학교나 학원에 다녀보기도 했고 어렸을 적부터 악기를 다루면서 노래도 불러왔다. 음악 인생을 꿈꾸고 노력하면서 크고 작은 무대에 서보기도 했고 누군가에게 음악을 가르쳐본 적도 있다. 더 좋은 것을 말하고 알려주고 싶고 음악을 더욱 잘하는 뮤지션으로 거듭나고 싶다.

위의 세 가지 중에 자신이 속한 그룹이 있는가?

물론 이 세 가지 이외에 다른 경우도 있을 것이다. 어떤 경우에 속해 있든지 또는 이 세 가지 이외에 다른 경우일지라도 여러분 모두를 환영한다. 이 책을 통해 당신을 함부로 대할 수 없고 너무나도 훌륭하고 중요한 시크릿 스킬Secret skill을 가진 음악 전문가로 한 걸음 다가설 수 있을 것이다.

이 책은 음악을 하는 당신에게 있어 기회가 될 것이며 새로운 음악적 바이블이 될 것이다. 수많은 음악적 재능 중에 그 첫걸음으로 보컬리스트를 위한 여러 가지 비밀들을 담았다. 아주 재미있고 색다른 경험이 될 것이다. 이 책을 펼치기 전에 음악을 하거나 혹은 하려는 당신이 얼마나 위대한지, 얼마나 값지고 훌륭한 일을 하는지를 꼭 잊지 말고 마음속에 깊이 간직하길 바란다.

Introduction

SHORT_TERM_PASS

1 2

미친척 애드립 하라 .

당신은 이미 발성을 하고 있다 .

스마트폰으로 QR코드를 찍어보세요!

스마트폰으로 QR를 찍으면 영상은 유튜브에서
음원은 블로그에서 무료로 이용하실 수 있습니다.

블로그   유튜브

미친척 애드립 하라!

아무것도 모르는데 애드립을 한다는 것이 어렵지 않을까? 누군가 가르쳐주는 사람도 없는데 혼자 할 수 있을까?

할 수 있다.
이런저런 생각하지 말고 그냥 무작정 한번 질러보자.

왜 애드립을 해야 하는 거냐고?
애드립은 음악을 하는 사람들에게 아주 좋은 습관이다.

우선 음악을 듣는 자세가 달라진다. 어울리는 음을 내고 박자와 리듬에 맞게 소리를 내려 하다 보니 더 자세히 집중해서 듣는 연습을 하게 되며 자연스럽게 음감이 좋아지게 되고 박자와 리듬감도 좋아지게 된다.

또한, 노래의 감정을 이해하는데도 아주 도움이 된다. 슬픈 노래가 나오면 슬픈 감정으로, 신나는 노래가 나오면 신나는 감정으로 바뀌게 된다.

무작정 애드립을 해보자. 무의식중에 습득하는 것들이 반드시 있을 것이며 그것들로 인해 엄청난 도움이 될 것이다. 애드립 연습의 궁극적인 목표는 음악과 친숙해지는 것에 있으며, 좀 더 재미있게 연습을 하자는 것이다.

음악적 습관 그리고 환경을 바꿔주면 나의 노래가 달라진다.
즐겁게 나만의 노래를 부르자.
지금 당장 좋아하는 음악을 틀어놓고 신나게 애드립을 해보자!

애드립이 뭐야?

애드립이라고 하면 많은 사람이 떠오를 것이다. '리듬감 좋고 노래 잘하는 가수들이 노래할 때 화려하게 쭉쭉 꺾어대는 그거 아냐?' 대중음악하는 사람들이 말하는 일명 '꾸부리'다.

필자가 말하는 애드립은 그런 화려한 것을 말하는 게 아니다. 노래 사이사이 랩퍼들이 어!어! 하는 간단한 몇 글자의 음이 없는 추임새도 좋고, 노노~ 하는 아주 짧은 라인도 좋고, 노래에서 많이 들어보았던 워우워~도 좋다. 멜로디에 맞는 화음을 쌓아도 좋고 패드를 깔아도 좋다.

처음부터 브루노 마스^{Bruno Mars}, 비욘세^{Beyonce}가 되지는 못한다. 절대 그럴 수도 없고 그럴 필요도 없다. 애드립은 어려운 것이 아니라 아주 재미있는 것이라고 생각하고 시작해보자.

이 책에서 본론도 들어가기 전에 애드립을 가장 먼저 언급한 이유는 지금까지 대부분의 사람들이 시도했던 일반적인 방법과는 완전히 다르게 접근하자는 의미이다.

애드립을 통한 연습은 '습관'을 만드는 것이다. 그리고 그 '습관'은 노래를 전반적으로 아우를 수 있는 과정을 말한다.

"노래를 잘 하는 가수들은 모두 애드립을 잘하나요?"

그렇지 않다. 잘 하지 못 하는 가수도 있다.

그럼, 가수도 못하는 애드립을 나보고 시작하라니 말도 안 되는 소리 아닌가요?

아니다. 이것은 본인의 음악 습관에 관한 문제를 말하는 것이다.

정형화된 교육을 받아온 가수 또는 연습생들이_{여기서 연습생이라 함은 보컬을 포함한 악기 등, 음악을 배우고 있는 모든 사람을 말한다} 애드립 하는 걸 더 어려워할 수도 있다. 자신이 배운 발성대로, 카피를 통해 외운 대로 노래를 하는 경우가 많기 때문이다. 그들은 애드립을 하더라도 가수들이 불러놓은 라인 외에는 하기가 어려운 경우가 있을 것이고 스스로도 느껴봤을 것이다.

배우지 않고 백지인 상태에서 시작한 사람 중에 오히려 애드립을 훨씬 더 잘 하는 사람들도 제법 있다.

음악적인 배움이 전혀 없었던 일반 직장인들을 상대로 해서 자연스럽게 애드립을 하는 방법으로 노래를 가르쳐보았다. 애드립은 굉장히 어려운 것이고 자신들은 엄두도 내지 못할 거라고 생각했었다고 한다. 우리는 애드립에 대해 같이 공부하면서 연습하기 시작했고 시간이 지나자 놀라운 결과를 보여주었다. 이들이 진정 노래를 배워본 적이 없던 사람들인지 의심이 될 만큼 자연스럽고 자유로운 멜로디를 마구마구 뿜어내었다. 더 재미있는 건, 본인들 스스로가 더 놀라워했다는 것이다.

평범했던 노래가 그들만의 노래로 180도 바뀌었다.

이와는 반대의 경우로 데뷔를 앞둔 신인가수들에게 아무 코드나 주고 마음껏 멜로디를 붙이면서 애드립을 해보라고 시켜보았다. 노래를 오랜 시간 동안 배워왔고 연습해 왔으며 데뷔를 코앞에 두고 있었음에도 많이 당황해했고 잘 하지 못했다.

"어떻게 해요?"라는 말을 연발하다가 막상 조심스럽게 입을 열었고 한참을 연습하더니 노래하는 것이 이렇게 재미있고 신나는 것인지 몰랐다면서 끊임없이 연습을 계속했다.

이들에게 중요한 질문을 해보았다.

"일반적인 트레이닝을 하는 것과 자유롭게 애드립을 하면서 음악에 접근하는 것 중 어떤 것이 더 좋은 연습 방법인 것 같은지?"

애드립을 하는 것이 음악적으로 훨씬 더 성장할 것 같고 자기만의 노래를 할 수 있을 것 같다고 대답했다.

데뷔 후 그들은 리듬감이 좋다는 평을 많이 받았다.

가수 '소향' 씨에게 물어봤다. 언제부터 애드립을 연습했느냐고.

그녀는 머라이어 캐리를 너무 좋아했다고 한다. 그녀만큼, 아니 할 수만 있다면 더 잘하고 싶었다고 했다. 그래서 처음엔 머라이어 캐리가 부르는 것을 똑같이 따라부르기 시작했고 거기서 머무르지 않고 머라이어 캐리 노래를 틀어놓고 늘 듀엣을 했다고 한다. 멜로디에 화음을 넣기도 하고 부족하다고 생각되는 부분엔 자신의 느낌대로 멜로디를 만들어 부르기도 했다고….

그녀는 진정한 프로였다. 거기서도 멈추지 않았다. 노래를 들을 때마다 그 노래를 부르는 가수와 듀엣을 했다고 한다. 그렇게 연습하면 좋아하는 가수와 늘 함께 노래하는 기분이 들어 너무 행복하게 연습할 수 있다고 했다.

그녀는 지금도 노래가 흘러나오면 모든 가수와 듀엣을 한다. 필자는 그런 습관이 지금의 가수 '소향'을 탄생시키는데 중요한 몫을 해주었다고 생각한다.

스마트폰으로 QR코드를 찍어보세요!

스마트폰으로 QR를 찍으면 영상은 유튜브에서
음원은 블로그에서 무료로 이용하실 수 있습니다.

블로그

유튜브

당신은 이미
발성을 하고 있다.

1. 보컬 지망생들의 발성에 대한 무한 애착

보컬을 준비 중인 어떤 학생의 질문이다.

"발성을 배우고 싶은데 뭘 해야 하는지 너무 어렵고 어떻게 이해해야 하는지 도무지 모르겠어요. 제발 알려 주세요"

발성이라는 것은 쉬운 것이 아니다. 실제로 어렵다. 두성, 흉성 등등 어쩌구저쩌구 한다. 우리가 소위 말하는 '발성'이 쉬운 일이라면 학원에 다니는 사람들과 전공으로 공부하는 학생 등 모두가 발성을 잘 해야 할 것이다.

하지만 그런가? 아니다. 절대 아니다.

음악을 공부한다는 많은 사람들이 그것을 쉽게 이해하거나 학습하지 못한다. 구현해내기는 더더욱 어렵다. 그건 분명 어려운 일이다.

2. 아주 간단한 발성의 시작

간단하게 3가지를 제안해본다.
라디오 MC에서 시작하여 대규모 콘서트 사회자가 되어보자.

> 1단계 : 라디오 MC 흉내를 내어본다. (2~3개월)
> 2단계 : 인기가요 생방송 MC 흉내를 내어본다. (2~4개월)
> 3단계 : 수천수만 명 관객이 있는 국제 가요제 같은 곳의 생방송
> MC 흉내를 내어본다. (2~8개월)

발성의 1단계는 작은 목소리로 자신의 감정을 충분히 실어서 또박또박한 말로 연습을 하는 것이다.
쉽게 말해서 라디오 MC 흉내를 내라는 말이다.

'별이 빛나는 밤에 별밤지기 누구누구입니다. 오늘 오는 길에 너무나도 예쁜 꽃들을 봤는데요…. 아~ 진정 봄이 오는구나! 하는 기분을 느꼈습니다.'

이런 식의 라디오 오프닝 멘트 한 번쯤은 들어봤을 것이다.
라디오 MC들이 가볍게 대충 아무런 감정 없이 멘트를 하던 것을 본 적이 있는가?

이것이 발성의 기초이다.

가장 중요한 것은 크지 않은 목소리로, 발음은 또박또박하게 감정을 최대한 실어야 한다는 것이다.

처음에는 절대로 목소리를 크게 내지 말아야 한다. 성대는 자기 몸의 일부이고 마치 근육과 비슷하다. 100킬로그램의 무게를 들지 못하는데 처음부터 그 무게로 운동한다면 어떻게 되겠는가? 천천히 단련하여야 한다. 익숙해진 후에 다음 단계로 성량을 조금씩 키우면 된다.

2~3단계에서는 **성량**연습이다.
1단계를 마스터 한 학습자라면 비교적 쉬울 것이다.
1단계의 감정을 그대로 가지고 큰 무대에 서는 것이다. 당연히 성량이 더욱 커져야 한다. 이 단계를 거치면서 성량이 탄탄해지고 목소리에 무리가 되지 않은 상태로 소리를 내는 방법을 자연스럽게 터득하게 된다. 다만 그 시기는 사람마다 조금씩 다르다.
목소리에 이상이 있거나 갈라지거나 아프다면 휴식을 취해야 하며 충분히 수분을 보충해야 한다. 그리고 당연한 얘기지만 이 상태라면 전 단계를 반복하는 것이 맞다. 충분히 1단계를 거친 뒤에 다음 단계로 넘어가자. 무리가 느껴지면 곧바로 휴식을 취한 뒤 다시 1단계를 반복한다.
사람마다 다르기에 언제까지 되어야 한다는 정답은 없다. 하지만 걱정할 필요 없다. 연습하다 보면 몸이 스스로 알아서 적절한 2단계, 3단계를 알려줄 것이다.

미디어 M-01 : 라디오 MC의 예제와 2~3단계 메들리.

    위의 미디어는 간단하게 저자가 연출해 본 것이다. 이런 연습을 통해 자신의 성대를 더욱 탄탄하게 만들 수 있게 될 것이다. 다른 챕터에서도 반복적으로 얘기하겠지만 이런 훈련과 함께 녹음을 통하여 본인이 직접 듣고 확인하는 작업을 병행하여야 더욱 효과적이다.

    우리는 아나운서의 목소리가 좋다는 것을 안다.

    질문 해보자. '아나운서는 목소리가 좋기 때문에 발탁되었다? 아니면 연습을 통해서 목소리가 좋아졌다?' 물론 허스키한 목소리의 아나운서라면 분명 호불호가 있겠지만, 변하지 않는 진리는 볼펜 물어가며 셀 수도 없을 만큼 수많은 시간 동안 연습을 했다는 것이다.

    쉽지 않겠지만 연습을 통해 좋은 목소리와 좋은 발음을 얻게 될 수 있다. 주변에 성악을 배웠다는 친구들의 목소리를 들어보라. 목소리가 좋아서 성악을 했을까? 성악 발성으로 연습하면서 목소리가 좋아지는 경험을 했을까?

    정답은 연습과 훈련이다.

    약속한다. 위의 연습과 훈련을 마음속에 명심하면서 일상생활을 반복한다면 분명 1년 뒤에는 너무나도 멋진 자신만의 목소리로 발성을 하는 자신을 발견하게 될 것이다. 단, 절대적으로 성대를 혹사해서는 안된다.

당연한 이야기지만 이것으로 노래를 잘하게 되는 것은 아니다.

주변에는 목소리 좋은 사람들이 너무나도 많다. 하지만 그들이 모두 노래를 잘하진 않는다. 위의 연습을 통해서 노래를 잘 할 수 있는 조건을 준비한다고 생각하면 될 것이다. 필자가 소개한 이런 간단한 발성법에 빠져서 음악적인 트레이닝을 게으르게 하면 절대 안 된다. 한가지만으로 모든 걸 쟁취할 수 있다면 재미가 있겠는가?

이 발성법은 철저하게 음악 및 보컬리스트가 되려고 하는 사람들에게 주는 간단한 팁이다. 간단해 보이지만 절대적으로 효과가 있으며 아주 중요한 발성의 시작이다.

3. 발성에 올인하는 그대

본인에게 어울리는 목소리를 찾아라.

발성법에 올인하는 보컬리스트들을 저자는 많이 봤다. 심지어는 일반인들도 '노래'라고 하면 발성을 연상시키는 경우가 많다. 그만큼 발성은 일반적인 용어가 되었다. 하지만 발성에 올인하는 사람들에게 그러지 말라고 강조하고 싶다.

예전에 어느 아이돌 듀오 그룹의 멤버 중 한 명이 자신이 가지지 못한 두껍고 강하며 공기 소리(Air)가 있는 톤을 내기 위해서, 흔히 말하는 '소몰이창법' 같은 목소리로 연습을 하면서 노래를 부른 적이 있다. 그런 노력으로 당시에 그는 뭔가 알 수 없는 가창력을 겸비했다는 평가를 받았다.

반면에 다른 한 명의 목소리는 상당한 미성이었다. 일각에서는 소몰이창법을 하는 멤버에게 '미친 가창력'이라는 칭찬을 아끼지 않았고 미성을 가진 멤버는 상대적으로 부족하다고 말했다. 그리고 자신도 미흡하다고 생각해 두꺼운 목소리를 연출하려 한 적이 있었다.

하지만 저자가 듣기에는 둘 다 자신에게 어울리지 않는 목소리를 찾으려 했다고 생각했다. 물론 독특한 발성으로 개성과 색깔을 찾아서 더욱 어필했을지 모르겠으나 필자가 보기에는 미성을 가졌던 멤버의 자연스러운 보이스가 그 누구도 가지지 못한 장점으로 보였다. 물론 이런 의견은 호불호가 있다.

자신이 '임재범' 같은 허스키한 록보컬의 목소리가 아니지만 그것을 갖고 싶다고 가정하자. 물론 연습과 노력으로 어느 정도 접근할 수 있다.

테너, 바리톤의 성악가들이 연습을 통해서 아주 두꺼운 목소리를 갖게 되듯이, 중요한 것은 만들어낸 목소리가 자신에게 어울리는가? 하는 것이다.

현대음악의 가장 중요한 요소 중 하나인 보이스 컬러의 초점은 가장 자연스러우면서 자신에게 어울리는 목소리여야만 매력을 충분히 발산시킬 수 있다는 것이다.

위에서 말한 것처럼 모든 남자들이 초창기의 박효신과 같은 '소울이창법'으로 부른다면, 임재범, JK김동욱 같은 허스키 록보이스로만 접근한다면 또는 성시경, 조규현 같은 말랑하고 부드러운 목소리로만 소리를 낸다면…. 생각만 해도 정말 무료하다.

요즘 사랑을 받는 싱어들의 목소리는 과함과 꾸밈이 없는 '개성 있는 자신만의 목소리'라는 것이다.
지금은 개성이 더 인정받는 시대이다. 자신만의 목소리는 본인에게 가장 잘 어울리는 목소리이다. 브루노 마스Bruno Mars, 존 레전드John Legend, 비욘세Beyonce, 아담 리바인Adam Levine 등등 유명한 가수들은 그 누구도 흉내 낼 수 없고 개성 넘치며 그들 자신과 잘 어울리는 자기만의 색깔의 목소리를 가지고있다.
자신의 목소리를 유지하면서 풍부한 성량과 멋진 고음을 낼 수 있는가를 고민한다면 일단 자신의 몸부터 점검해볼 필요가 있다. 자신에게 가장 어울리는 옷이 어떤 것인지를 파악하는 것이 중요하다는 말이다.
자기 외모에 따라 옷을 적절히 자신의 스타일에 잘 맞춰 입는 사람은 센스가 넘쳐 보일뿐더러 더 매력적으로 보일 것이다.

　물론 때로는 과감한 옷차림으로 사람들을 당황하게 만들 수도 있지만 묘하게 그것이 어울리는 사람들이 있다. 발성으로 보자면 조금은 어울리지 않는 것 같은 과감한 소리를 시도할 수도 있단 얘기다. 하지만 100% 그것을 소화해 내야 하며 120% 자기 것으로 만들어야만 한다.

　정리하면 이렇다.

　자신과 맞지 않는 발성에 올인 한다면 그것으로 인해 노래를 포기하는 상황이 생길 수도 있으며, 어울리지 않는 소리만을 연구한다면 그것은 오히려 돌이킬 수 없는 역효과가 될 수 있다.

　연구하고 연습하여 자신의 목소리를 점검하고 자신만의 목소리를 찾는 것은 정말 중요하다. 필자가 이렇게 강조하는 이유는 내지르는 발성 하나만으로 모든 것이 끝난 것처럼 생각하는 사람들이 너무 많아서 그렇다.

　자신의 목소리가 힘이 없고 엣지Edge가 없어 보여도 그것으로 매력을 만들어 낼 수 있어야만 한다. 충분히 그렇게 할 수 있다.

　자기만의 옷을 찾고 멋지게 차려입어라!

4. 시원하게 지르고 싶다!!!

발성을 제대로 배우고 땀나게 노력해서 멋지고 시원한 고음을 내고 싶어 하는 사람들이 많을 것이다.

CCM 출신인 가수 '소향'의 무대를 본 적이 있는가? K 방송사의 '불후의 명곡'이라는 프로그램에서 세계 최고의 가수 중 한 사람인 '마이클 볼튼'의 스페셜방송을 한 적이 있다.

나는 편곡가로서 그녀에게 가장 어울리는 곡 스타일을 연구했고 그녀는 그런 보컬을 완벽하게 소화해내어 마이클 볼튼과 방청객의 기립박수를 유도해내었다. 나의 편곡은 뒤로하고, 그녀가 그 곡을 아주 잘 소화해내고 상상할 수 없는 멋진 고음을 선보였기 때문에 더욱 감동적이었다.

가수 '소향'은 키레인지가 넓다. 즉 저음에서 아주 높은 고음까지 잘 소화해내는 말 그대로 타고난 성대를 가진 사람이다. 심지어 남자가수들도 부르기 힘든 고역까지 모두 소화해 낼 정도로 타고난 싱어로 보인다.

그런 타고남을 닮고 싶어 하는 보컬리스트 지망생들이 많이 있다. 하지만 위에서 계속 강조하는 것처럼 모두가 그녀처럼 시원하게 지를 수 없음을 분명 알아야 한다. 억지로 만들려는 고음 발성으로 인해 자신의 성대를 망가뜨리는 경우를 수없이 많이 보아왔다.

성악에서는 소프라노, 알토, 테너, 바리톤으로 각각의 음역대가 있다. 시원하게 부르는 목소리는 무대에서 더욱 감동을 줄 수 있을지도 모르

겠다. 하지만 모두가 그럴 수 없으며 더 중요한 것은 그럴 필요도 없다는
것이다.

  많은 보컬리스트 지망생들이 발성 하나로 전혀 다른 보컬 인생을 살 수
있을 거란 기대를 한다. 빨리 생각의 전환을 했으면 좋겠다. 자신이 원하
는 발성과 목소리는 모든 것이 자연스럽게 이루어져 터득되어야 한다.

  자신에게 어울리는 발성과 목소리를 터득하는 방법을 알려달라고?
  장담한다. 열심히 노력하다 보면 본인 스스로가 자연스럽게 알게 된다.
노력해도 모르겠다면 열심히 한 것이 아니니 더 열심히 하길 바란다. 음
악을 접하는 태도와 마인드도 중요한 변수이다. 음악은 어떤 것 하나로
결정되는 것이 절대로 아니다.

  발성은 보컬의 시작이자 끝이다.
  첫 단계에서부터 기존의 다른 책에서는 언급하지 않았던 발성에 대한
접근법과 가치관에 대해 강조하는 이유는 기존의 그들과 똑같은 당신이
되지 않길 바라는 마음 때문이다.
  무엇보다 중요한 것은 당신만이 할 수 있는 개성이다.

요약해 보겠다.

자신에게 잘 맞는 소리를 찾자. 그 방법은 연습을 통해 스스로 터득하게 될 것이다. 연습도 하지도 않은 채 방황하는 이에겐 절대 해답이 없다.

자신만의 소리를 찾게 된다면 어느 날 부끄럽지 않은 실력으로 노래를 부르는 순간이 반드시 오게 될 것이다.
논란의 여지가 있겠지만, 난 이것이 발성이라고 생각한다.

Subject

SHORT_TERM_PASS

1   2   3   4

비브라토를 지배하라!

밴딩으로 세련되게!

리듬감! 이것으로 절반은 끝난셈이다.

감정 표현! 내 숨소리를 들어봐.

비브라토를 지배하라 !

비브라토(Vibrato [vɪˈbrɑːtoʊ])

: 바이브레이션(vibration)에서 가져온 말로
음을 떨어서 연출하는 기법.
영어권에서 '바이브라로'식으로도 발음함.

　비브라토는 음에 떨림을 주어 더 풍부한 '감정'과 '표현력'을 더해주는
데 그 역할이 있다. 비브라토만으로도 충분히 자신의 개성을 표출해 낼
수 있으며 또한 호소력을 만들고 감동을 줄 수 있다.
　아래는 비브라토가 무엇인지 감으로 익힐 수 있게 준비된 음원이다.

 미디어 V-01 : 비브라토를 하지 않은 보컬

 미디어 V-02 : 위의 미디어에 비브라토를 넣은 것

1. 깊이(Depth)와 횟수(Rate;또는 속도)

이미지 VP-01 비브라토의 구조

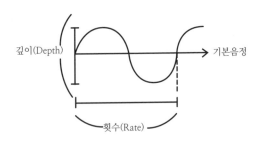

깊이(Depth)　　　　　기본음정

횟수(Rate)

위의 그림은 일반적인 비브라토의 구조이며 실제로 노래를 부를 때 녹음된 파형은 아래와 같다.

이미지 VP-02 멜로다인의 예시

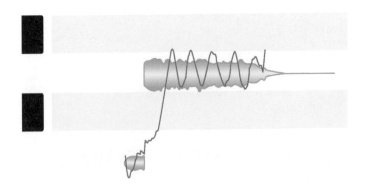

미디어 V-03 : 미디어 '날~'

미디어 V-03은 아래 그림의 음원이다.

이미지 VP-03

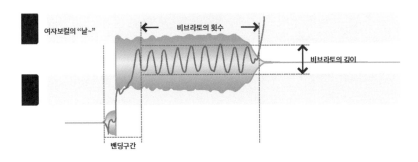

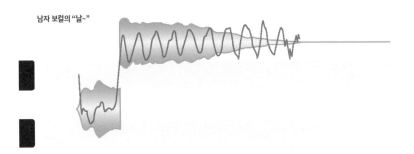

미디어 V-04 : "날~" 노비브라토

위의 미디어에서와같이 비브라토를 하지 않았을 때의 느낌은 했을 때와 다소 다르다. 물론, 비브라토가 있고 없음으로써 좋고 나쁘다고 절대로 이야기할 수 없다.

테스트해보자.

위의 미디어와 같이 "날~"이란 한 토막만을 가지고 미디어 03과 04처럼 넣거나 뺄 수 있는지 해보자. 가능한가? 가능하다면 이 챕터를 학습하면서 조금은 용이 할 것이다. 가능하지 않더라도 고민할 필요는 없다. 어떻게 연습해야 하는지 알게 될 것이니까.

만약, 당신이 비브라토를 할 수 있는 독자라도 이 책에서 설명하는 비브라토의 여러 종류에 대해 알게 된다면 바닷속에 숨겨진 캐리비안의 보석을 찾는 희열을 느끼게 될 것이다.

연습(비브라토의 기본)

- 비브라토를 전혀 만들어내지 못하는 경우

 미디어 V-05 : 비브라토 음이름으로 부르기 2단계 속도(여)

 미디어 V-06 : 비브라토 음이름으로 부르기 2단계 속도(남)

아주 기본적인 비브라토 연습의 예제이다. 두 음정 사이를 정확하게 일정하고 규칙적인 속도로 따라 부른다. 처음엔 미디어와 같이 음이름을 말하면서 올리거나 내린다. 약간 느린 템포와 약간 빠른 템포를 메들리로 실었다. 빠른 부분에서 음정이나 발음이 흐트러지거나 정확하게 묘사되지 않는다면 느리게 연습하고 이 예제뿐만 아니라 자신이 직접 건반을 쳐보면서 더 느린 속도로 연습하는 것도 한 방법이다.

 미디어 V-07 : 비브라토 아- 로 부르기 2단계 속도(여)

 미디어 V-08 : 비브라토 아- 로 부르기 2단계 속도(남)

음이름을 빼고 위의 모든 단계를 믹스하여 연습한다. 기본적으로 '아~'이다. 이 단계까지 했을 때 자신이 부족하다고 생각이 되면 3회 정도 반복하거나 연습 횟수를 늘린다.

- 비브라토의 탄생 훈련

 미디어 V-09 : 상향탄성 비브라토 연습

미디어에서와 같이 연습을 한다. 이 탄성 연습의 첫 단계는 아래에서 원래 음으로 돌아가는 연습이다. 뒷장에 설명할 상향 밴딩과도 연결되는 테크닉이다. 아래의 그림을 보면 조금 더 이해가 수월할 것이다.

이미지 VP-04

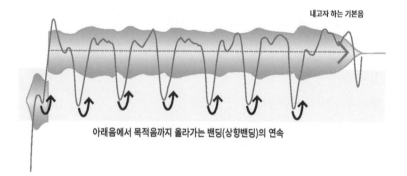

내고자 하는 기본음

아래음에서 목적음까지 올라가는 밴딩(상향밴딩)의 연속

 미디어 V-10 : 하향탄성 비브라토 연습

위의 09번 예제와는 대비되는 위에서 아래로의 탄성 연습이다. 솔직히 이런 연습은 익숙하지 않은 것이기에 예제처럼 조금 힘이 많이 들어갈 수 있다. 하지만 이런 상하향을 분리하여 연습하고 조절하면서 선택적으로 연출할 수 있다면 너무나도 풍부하고 다양한 비브라토를 구사할 수 있게 될 것이다.

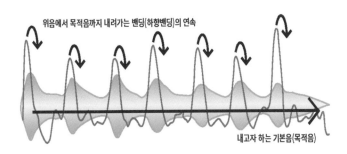

이미지 VP-05

위음에서 목적음까지 내려가는 벤딩(하향벤딩)의 연속

내고자 하는 기본음(목적음)

 미디어 V-11 : 라랄라 비브라토 연습(여)

 미디어 V-12 : 라랄라 비브라토 연습(남)

간단한 노래를 통한 비브라토 연습이다. 정확히 카피할 수 있도록 반복한다.

 미디어 V-13 : 연습용 음원

미디어 V-13 : 위 미디어의 연습용 반주 음악이다.

2. 비브라토의 종류

아예 몰랐었던 것일 수도 있고 알면서도 인식하지 못했던 것일 수도 있고 이미 알고 있는 것일지도 모르겠다.

이 장에서 언급하는 비브라토의 종류에 대해 알아보고 나면 조금은 생각이 바뀌게 될 수 있을 것이며 어느 정도 필요한 정보도 얻게 될 것이다.

그러면 지금부터 재미있게 비브라토의 종류에 대해 알아보자.

1) 올디라토(Ordirato)

흔히, 비브라토라고 하면 이것을 떠올릴 만큼 가장 일반적이며 보편적으로 연출되는 비브라토이다. 구식스타일의 올드한 느낌을 준다는 뜻은 절대 아니다.

보통, '일반'이라는 뜻의 단어인 Ordinary와 Vibrato를 합쳐서 만든 용어이며 규칙적이고 적절한 깊이를 유지하면서 만드는 가장 일반적인 비브라토이다.

깊이와 횟수가 평균 정도의 수치를 가지고 있는 것이 특성이라 할 수 있다. 모든 비브라토의 기준이 되며 비브라토를 컨트롤하기 위해서 기본적으로 갖추고 연습해야 하는 기본 비브라토라고 생각하면 된다.

과거에 팝 아티스트들이 시도한 비브라토의 대다수가 올디라토에 해당한다. 많은 보컬리스트가 흠모하는 브라이언 맥나잇Brian McKnight 역시 이런 올디라토를 잘 연출 하는 아티스트이다.

미디어 V-14 : 올디라토

 이 비브라토를 연습할 때 가장 중요한 것은 다음 이미지에서 보면 알 수 있듯이 소리의 강약으로가 아니고 기준 음을 중심으로 음의 높낮이를 일정하게 위아래로 연출해야 한다는 것이다.

 소리의 강약으로 떨림을 만드는 것은 올디라토에 해당하지 않는다. 또한, 올디라토 연출 시 턱의 관절 또는 입을 벌리는 모양으로 떨림을 만들어서도 안 된다. 턱의 관절이나 입모양을 이용하는 비브라토는 뒤에 설명할 에어라토Air-rato나 친니 트레몰로chinny Tremolo가 이에 해당한다.

 결론적으로 말하자면 필자가 설명하는 모든 비브라토를 조화롭게 믹싱mixing하여 자신만의 연출을 만들 수 있어야 한다.

 하지만 하나하나 컨트롤할 수 있어야 하며 온전하게 하나만 표현할 수 있어야 함을 잊지 말자.

 우선, 올디라토부터 필자가 설명한 방법대로 하여 오롯이 그것만 연출해 보자. 이해하기가 조금 어렵다면 비브라토의 종류에 대해 끝까지 한 번 읽어보고 연습해보자. 정성스럽게 준비한 미디어 자료와 함께.

이미지 VP-06 돌디칸트의 가장 일반적인 패턴

비브라토구간

비브라토구간

아주약한 숏템페스

밴딩

비브라토구간

비브라토구간

비브라토구간

밴딩

비브라토구간

밴딩

비브라토구간

비브라토구간

비브라토구간

밴딩

연습

 미디어 V-15 : 올디라토 연습 MR1

 미디어 V-16 : 올디라토 연습 MR2

미디어 V-14의 MR*이다. 14를 충분히 익히고 15와 16에서 연출해본다. 연습하면서 소리를 일정하게 내고 있는지 턱을 이용해서 하고 있지는 않은지 점검해보자.

---

* MR = Music Recorded : 보컬 없이 반주만 있는 음원

  AR = All Recorded : 보컬을 포함한 전체가 들어간 음원

2) 플라트라토(Flatrato)

 미디어 V-17 : 플라토라토

음의 깊이가 깊어지면서 전체적으로 아래로 향하는 비브라토이다.

이것의 특성은 전체적으로 슬픈 느낌을 주면서 깊은 감정과 공감이 느껴지게 하는 연출에 용이하다는 것이다. 뒤로 갈수록 깊어지는 비브라토의 특성 때문에 음이 낮아지는 느낌이 들긴 하지만 음정이 플렛Flat되게 들리진 않는다. 혹시 플렛되게 들린다면 실제로 플렛되게 부른 것이다.

비교적 슬픈 발라드곡의 도입부Verse파트에서 연출하면 과하지 않고 적절한 감정표현이 가능하다. 소리를 지르는 파트에서 이 비브라토를 연출한다면 흔히 말하는 뽕 필Feel 넘치는 분위기가 되기도 한다. 상대적으로 개성 있는 비브라토이며 한국과 일본의 곡에서 자주 찾아볼 수 있는 종류의 비브라토이다.

가수 '이수영'의 많은 곡에서 극적인 플라트라토의 연출을 들을 수 있다. 물론 그녀의 보컬 연출에는 다른 여러 가지 요소가 합쳐져서 그녀만의 개성을 만들어 내지만 플라트라토는 그녀가 가진 핵심 기술 중 하나이다.

이 비브라토를 연습할 때 중요한 점은 비브라토의 깊이가 점차 깊어지게 연출해야 하며 탑(기본) 노트음계를 이루는 하나하나의 음을 말한다를 그대로 유지하면서 다음 파형의 깊이를 조금씩 다운시켜야한다.

이미지 VP-07

음을 유지하기 위해 위음정은 많이 플랫되지 않는다

약한 숫댐페스

아래로 내리는 비브라토가 하향하여 감고 풍부한 감정을 만들어낸다

이 부분은 위음도 조금씩 플랫되었다

아주 깊은 벤딩의 예

일반적인 상향 벤딩

이해하기가 다소 힘들 수도 있을 것이다. 파형의 그림과 미디어를 적극 활용하기 바란다. 이 비브라토에는 주로 따라다니는 독특한 하향 밴딩이 곁들여지는 경우가 많은데 이것을 병행 연습해도 좋을 것이다. 밴딩의 경우 일반적으로 아래에서 위로 가면서 음정을 찾는 상향 밴딩이 대부분이며 하향은 반대라고 생각하면 된다. '밴딩'이라는 것은 다른 챕터에서 자세히 다뤄볼 것이기 때문에 지금은 간단히 이렇게만 알아두자.

3) 샵 비브라토(Sharp-Vibrato)

요즈음 대세임을 넘어서 팝의 스타일을 평정해버린 비브라토의 종류이다. 이거 하나만으로도 상당히 팝 적인 느낌의 비브라토 연출이 가능하다. 수많은 팝 아티스트들이 샵 비브라토를 즐기고 있고 연출하고 있기 때문이다.

 미디어 V-18 : 샵 비브라토(남)

 미디어 V-19 : 샵 비브라토(여)

이미지 VP-08 : 미디어 19의 멜로디 일부분 파형 예제

위로 올라가는 비브라토

목적음

느린 상향밴딩

약한 숏텀페스

강한 숏텀페스

위로 올라가는 비브라토

목적음

아주 강한 숏텀페스

전형적인 하향밴딩

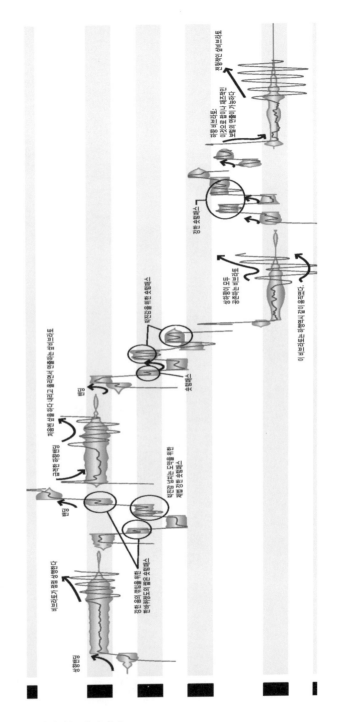

이미지 VP-09 : 이면엔 여자가 부른 버전과 연줄이미지를 부착

앞의 음원을 들으면서 느낄 수 있겠는가?

이미지 VP-09에서처럼 비브라토 부분이 점차적으로 올라가고, 깊어지면서 상향한다. 심한 경우 거의 반음 이상이 샵되기도 하며 그런 음정의 느낌을 주기도 한다.

샵 비브라토의 근원을 살펴보자면 재즈Jazz와 블루스Blues에서 파생된 비브라토의 종류로 볼 수 있겠다. 존 레전드John Legend, 비욘세Beyonce, Ne-yo, 커리나Karina, 마룬파이브Maroon5 등등 R&B 싱어부터 모던 락, 팝 락 아티스트들까지 이루 다 열거하기 힘들 정도로 많은 아티스트들이 이 비브라토를 즐겨 이용하여 연출한다. 물론 이 비브라토만이 다는 아니다.

샵 비브라토에 독특한 밴딩이 어우러져 팝 트렌드를 연출하는 경우가 많다. 남자의 경우 존 레전드Jhon Legend의 'Ordinary People', 여자 아티스트 중에서는 커리나Karina의 'Slow Motion', 비욘세Beyonce의 'If I were a boy'가 대표적인 예이다.

이미 이것이 유행된 것은 꽤 오래전 일이다. 우리나라의 아티스트들도 이런 유행을 적극 반영하는 아티스트들이 많다. 다비치의 '8282'. 에일리의 'Heaven', Zion.T의 '씨스루' 등을 들어봐도 느낄 수 있다. 비브라토의 끝부분을 보면 상당히 샵 되면서 올라가는 것을 느낄 수 있을 것이다.

이 비브라토에 대해선 필자도 너무나도 관심이 많았고 연출 하고 싶어서 많은 연습을 했던 기억이 있다. 난 정체를 알고 연습했지만 요즘 보컬리스트 지망생들을 보면 그냥 잘 따라 한다. 노래를 잘한다는 의미이다. 하지만 분석을 하고 나면 컨트롤하기 더욱 용이해질 것이고 자신만의 곡

해석을 하는 것에 많은 도움이 될 것이다.

예전에 한 녹음실에서 커리나^{Karina}의 'Slow Motion'을 듣고 있는데 어느 사운드 엔지니어가 와서 했던 말이 기억난다.

"이 가수는 음정 보정 작업 안하고 앨범 낸 거야?"

이젠 일반인들도 많이 아는 사실이 되어버렸다. 우리나라 음반시장에선 오토튜닝작업이라고 하여 불안한 음정을 보정해서 음반을 출시하는 경우가 거의 대다수가 되어버렸다.

커리나가 의도적으로 강한 샵 비브라토를 많이 사용하여 부른 보컬을 들으면서 그 엔지니어는 샵 되게 느꼈을 것이고 이런 비브라토가 우리나라에 정착되기 전, 많은 음악 관계자들은 샵 된 음정을 온전한 음이 아니라고 생각했기 때문에 그렇게 물어봤던 것이다. 그랬던 과거와 비교해 요즘에는 분위기가 많이 달라졌다.

어느 날 가수 '린' 이 추천해줄 곡이 있냐며 물었다. 난 커리나^{Karina}의 곡을 추천해 주었다. 녹음실에서 커리나의 노래에 대해 이야기하면서 비브라토에 대해서 설명을 해 주었고 '린'은 샵 비브라토를 잘 알지 못했다고 하면서 감사를 표하였다.

그리고 그녀는 국내 최고의 여성싱어답게 샵 비브라토를 짧은 순간에 마스터하고 연출하여 자신만의 무기로 만들어 버렸다.

역시 '린'의 보컬은 놀라웠다. 그렇게 해서 만들어진 음원이 '6 1/2

New Celebration' 앨범의 'New Celebration', '누나의 노래' 같은 곡
들이다. 이런 비브라토의 연출이 그녀에게 마냥 어울리고 그녀를 더 값
지게 만들었다고 장담할 수는 없지만 아주 조금은 더 화려하게 만들어
주었을 것이며 그녀 정도의 보컬이라면 연출해 보고픈 욕구가 샘솟지 않
았을까?

 마룬파이브Maroon5의 리드보컬인 애덤 리바인Adam Levine 도 샵 비브라
토를 즐겨 연출하는 아티스트 중 하나이다. 대부분이 R&B 장르에서
이것을 하고 있을 때 Funk, POP-Rock에서 비브라토를 했던 지극히
백인 스타일의 목소리를 가진 아티스트라고 생각된다. 그는 미국 내
에서 뿐만 아니라 전 세계에서 그의 목소리와 음악 스타일은 너무나도
사랑받고 있다.

 샵 비브라토를 연습하기 위해서는 인위적으로 음정을 올리는 연
습이 필요하다. 처음에는 아주 어색하지만, 점차 익숙해지면서 안정된
비브라토를 할 수 있게 될 것이다. 일단 처음 연습할 때에는 많은 반복을
통해 완벽하게 따라 할 수 있어야 한다.

연습

 미디어 V-20 : 샵 비브라토 연습(남)

일정한 음을 인위적으로 올리는 보컬. 음의 높이에 따라서 미디어를 들려준다. 이 미디어를 최대한 정확하게 따라한다.

 미디어 V-21 : 샵 비브라토 연습(여)

이번엔 여자 목소리의 예제이다. 자신이 생각하는 것보다 음정을 더 많이 인위적으로 올리면서 비브라토 역시 점점 깊어져야 함을 놓치지 말자.

 미디어 V-22 : 샵 비브라토 연습용 MR

위의 피아노 반주이다.

 미디어 V-23 : 샵 비브라토를 이용하여 부른 예

4) 염소비브라토(트래고라토Tragorato 또는 카프리노caprino)

이 비브라토를 이용하면 상당히 개성이 강한 연출이 가능하다. 특성을 살펴보면 깊이는 타 비브라토에 비해 아주 얇고 레이트(횟수)는 그 주기가 매우 짧다.

 미디어 V-24 : 염소 비브라토의 예제

요즈음의 젊은 사람들은 잘 모를 수도 있겠지만 1984년도에 '약속'이라는 노래로 데뷔한 '임병수'라는 가수가 있었다. 그는 데뷔 당시 상당히 인기가 있었다. 그 시대뿐만 아니라 지금도 찾아보기 힘든 염소 비브라토의 대표적인 아티스트라고 할 수 있을 것이다. 지금 들어봐도 아주 매력적인 부분이 있다. 물론 가수 '임병수'의 경우 아주 극적인 염소 비브라토를 보여주었지만 극적이지는 않더라도 얇고 빠르게 비브라토를 연출하는 가수들은 생각보다 많다.

제시제이Jessie J의 'price Tag'를 들어보면 그녀도 다른 가수들보다 얇고 빠른 비브라토를 가지고 있다. 하지만 전형적인 염소 비브라토가 아닌 것으로 보이는 이유는 비브라토의 깊이Depth가 임병수의 그것보다는 조금 더 깊고 샵비브라토까지 곁들이고 있기 때문이다. 거기에 추가하여 곡의 여러 부분에서 염소 스타일만 고수하는 것이 아니고 다양한 연출을 하고 있다. 팝의 황제 'Michael Jackson' 역시 이런'염소과'이다. 어떻게 연출하느냐에 따라 아주 다르게 들리지만.

이 비브라토는 얇고 규칙적으로 얼마나 빠르게 음정을 흔들 수 있느냐가 관건이다. 주의할 점은 이 역시 턱의 관절이나 소리의 크기로 떨림을 만드는 방법으로 연습하면 안 된다.

필자가 아는 어떤 보컬 중에 지극히 염소형이면서 노래도 아주 잘하는 친구가 있다. 특이하게도 그는 어려운 염소 비브라토는 잘 해내면서 지극히 평범한 올디라토는 연출해내지 못했다.

염소 비브라토는 흔하지도 않을뿐더러 쉽게 할 수 있는 비브라토가 아니다. 연습을 많이 해야 한다.

이 비브라토를 컨트롤 할 수 있게 된다면 모든 종류의 비브라토를 섞어서 아주 다양하고 현란한 비브라토 연출을 하는데 용이해질 것이다. 다음에 설명할 정말 재미있고 흥미로운 숏텀패스Short-term-pass비브라토를 연출하기도 편해진다.

5) 에어라토(Air-rato)

공기의 소리로 비브라토를 만들어 내는 효과를 주는 비브라토의 종류이다. 약간의 음정 떨림이 존재하긴 하지만 주로 공기 소리를 떨림Tremolo하여 연출하는 방법이다.

필자가 솔직하게 조언하자면 이 비브라토는 적절히 사용하면 좋지만, 너무 적극적으로 많은 부분에 활용하면 오히려 매력이 반감된다. 물론 취향 차이겠지만.

아래의 미디어는 극적인 에어라토의 종류를 담은 것이다. 듣자마자 '이걸 말하는 것이구나!' 할 것이다.

미디어 V-25 : 극적인 에어라토의 예

　앞의 미디어와 같은 에어라토를 자주 연출하면 호불호가 엇갈리겠지만 긍정적으로 보는 사람이 많진 않을 것이다.

　에어라토를 좋아하는 뮤지션들이 많지 않으니 슈퍼스타-K 나 K-pop 등 콘테스트를 준비하거나 경연을 준비하는 독자, 음악을 업으로 하고 싶은 독자들은 참고하길 바란다.

　에어라토의 크나큰 단점은 이 비브라토를 너무 많이 연습하다 보면 목에 이 비브라토가 고정되어버릴 수도 있다는 것이다. 그 정도까지 가게 된다면 다른 비브라토를 연출하는 것에 많은 어려움이 될 수 있으니 자주 사용하지는 말고 컨트롤 할 수 있는 정도만 연습하면 좋겠다.

 ## 미디어 V-26 : 조금 풀어진 에어라토의 예

　위의 미디어는 25의 미디어보다 조금 약하게 한 에어라토이다.

　이 비브라토를 컨트롤하게 되면 공기 소리를 조절하는 데 도움이 되며 말이 좀 어렵겠지만 자신의 소리를 내려놓기에도 좋다. 또한, 슬픈 감정을 연출할 때 많은 도움이 되기도 한다.

　하지만 이 비브라토를 메인으로 활용하지는 않았으면 한다. 그래서 고집 피우는 마음으로 연습방법마저 기재하지 않겠다.

6) 친니 트레몰로(chinny Tremolo)

비브라토 연출을 돕기 위해서 또는 볼륨이나 음정의 떨림을 만들기 위해 턱을 움직여 만드는 비브라토이다. 어떤 가수들은 비브라토 연출 시 턱을 위아래로 반복하며 만들기도 한다.

오래전 노래인 '신라의 달밤'을 들어보면 현인 선생님의 친니 트레몰로 연출을 볼 수 있다. 당시만 해도 무대에서의 극적인 연출에 도움을 줄 수 있는 시각적인 부분도 있었지만, 최근에는 다소 지양하는 추세이다. 물론 감동적인 무대를 선사하기 위해서나 또는 어려운 테크닉들 사이에서 비브라토를 사용하기 위해 의도적으로 연출 할 수도 있지만 지나치거나 분위기와 어울리지 않을 땐 돌이킬 수 없는 비호감을 가져올 수 있음을 잊지 말자.

이는 소리의 크기와 성대 안의 소리를 턱과 입을 이용하여 일정한 떨림 Tremolo을 만드는 방법이기에 발성적 이라기보다 상당히 기계적인 방법이다. 별도의 연습방법도 설명하지 않겠다. 이런 것이 있음만 알아두면 된다.

비브라토가 강할 경우 자연스레 턱관절이 동반되는데 이것은 위의 친니트레몰로적인 표현이 아닌 성량의 변화로 생기는 자연스러운 현상이다.

7) 숏텀패스(Short_Term_Pass)

숏텀패스는 정말 흥미로운 비브라토이긴 하지만 상당히 어려운 비브라토이다. 이 비브라토는 전문적으로 노래를 하는 독자들에게 많은 도움이 될 것이다. 너무 어렵다고 느껴지는 일반인들은 넘어가도 좋다.

숏텀패스란 단어 그대로 짧게 비브라토를 연출하면서 스쳐 지나가는 느낌을 주는 비브라토의 종류이다. 이 비브라토를 이용하면 감정의 격함, 격렬히 신나거나 흥분됨을 연출하는 데 도움이 된다.

 미디어 V-27 : 일반적인 숏텀패스의 예(노숏텀 Ver)

 미디어 V-28 : 일반적인 숏텀패스의 예

미디어 V-28을 들어보면 '안녕하세요'의 가사를 반복하는데 그중에서 '녕'에 아주 짧게 지나가는 음의 떨림을 들을 수 있다. V-29와 비교해보자.

아주 짧은 사이에 강렬한 비브라토를 연출하는 경우이지만 강렬하지 않고 부드럽게 연출할 수도 있다. 기본적으로 염소 비브라토의 성격을 가지고 있지만 이런 짧은 숏텀Short_Term에 샵비브라토, 플라트라토를 가미시켜 연출하는 경우도 많다.

숏텀패스는 보컬의 연출에 있어서 꽤 유용한 힘을 가진다.

가장 좋은 연습방법은 가사의 조각조각 한 글자마다 제각기 달리해가며 비브라토를 연출해 보는 방법이다. 이것을 연출할 수 있으려면 기본적으로 다른 여러 종류의 비브라토를 자유자재로 컨트롤 할 줄 알아야 한다.

 ### 미디어 V-29 : 위치 바꿈 숏텀패스

위의 예제는 같은 멜로디의 보컬에 위치만 바꾸어 비브라토를 넣어본 것이다. 순차적으로 '안', '녕', '하', '세', '요' 각각의 글자에 잘게 떠는 숏텀패스 비브라토를 연출하였다. 이렇게 가사에 따라 또는 강조하고 싶은 부분이나 감정을 살리고 싶은 부분에 의도적으로 숏텀패스를 연출할 수 있다. 숏텀패스는 위에서 설명했던 모든 비브라토를 이용하여 짧게 연출하는 아주 중요한 양념 역할을 한다.

이런 숏텀패스가 분명히 비브라토의 성격으로 존재하지만, 일반인들은 세밀하지 듣지 못하는 경우가 많다.

귀로는 잘 들리지 않을 수도 있겠지만, 이 비브라토가 노래의 느낌과 매력을 달라지게 만드는 마법의 비브라토라는 것을 알게 된다면 화살로 싸우는 전쟁터에서 총을 가지고 싸우는 유리한 고지에 올라서게 되는 것이다.

노래를 제법 잘한다는 가수들의 보컬에서는 숏텀패스를 적지 않게 들을 수 있다. 따라서 다양한 보컬을 연출하기 위해서는 이 기술을 갖추는 것이 무엇보다 중요하다.

아주 중요한 또 한 가지 비밀을 풀어보겠다. 숏텀패스 비브라토의 경우에 위에서 언급한 것만이 전부가 아니다. 지금부터 아주 새로운 것을 이야기할 테니 잘 들어보시라.

아래의 미디어를 들어보자.

 미디어 V-30 : 일반적인 알앤비 꾸부리의 예제 (남)

 미디어 V-31 : 일반적인 알앤비 꾸부리의 예제 (여)

위의 미디어를 들어보았을 때 어느 부분에서 숏텀패스가 이루어졌는지 느낄 수 있겠는가?

자신하건대 아마도 이 사실은 그 누구도 규명하지 못했던 부분일 것이다.

위의 미디어는 일반적인 R&B의 곡에서 들을 수 있는 애들립(Adlib; Fake Secondary Lead)라인이다. 음악 하는 사람들이 흔히 하는 말로 '꾸부리'라고 부르는 것인데 이런 각진 움직임 사이사이가 비브라토의 탄성으로 이루어진다는 것이다.

음악을 하는 많은 사람이 이렇게 각지게 들리는 애들립 라인은 직각을 이루는 파형일 것으로 알고 있지만 자세히 보면 반 바퀴 또는 한 바퀴 전

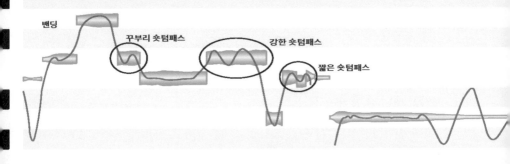

밴딩
꾸부리 숏텀패스
강한 숏텀패스
짧은 숏텀패스

이미지 vp-10 : 위 미디어 30의 멜로디 파형의 예제

후의 비브라토를 거쳐서 연출된다. 이것은 마치 각이 진 듯한 음정 연출을 도와준다.

위의 이미지 10번은 미디어 30번 남자 보컬의 애들립 중 19초에 나오는 한 대목을 이미지화한 것이다. 조금만 섬세하게 들어보자.

애들립 라인에서 한 번 정도의 떨림을 주는 아주 짧은 이러한 숏텀패스는 비브라토가 아닌 것처럼 생각될 수도 있다. 이런 짧은 애들립 라인은 잘하면서 막상 전형적인 일반 비브라토를 못 한다거나 일반적인 비브라토는 쉽게 연출해 내면서 숏텀패스를 연출하기 어려워하는 사람들이 많고 두 가지의 연관성이 없다고 생각하는 사람도 많기 때문이다.

비브라토와 동일 선상으로 바라보지 않고 다소 생소하기에 사람들이 어려워하고 헷갈릴 수도 있겠지만 위에서 설명한 모든 숏텀패스는 분명한 비브라토의 종류이며 다른 비브라토보다 목소리의 탄성을 많이 필요로 한다.

이런 목소리 또는 성대의 탄성을 마스터하기 위해서 의문을 가질 필요도 걱정할 필요도 없다. 왜냐하면, 대답은 단순하기 때문이다.

그 대답은 '많은 카피와 피나는 연습뿐!'

애들립 라인에서의 숏텀패스와 일반적인 숏텀패스를 굳이 비교하자면 둘의 성격이 약간은 다르지만, 멜로디 안에 스쳐 지나가면서 강렬하거나 감정을 더 다양하게 연출하는 짧은 비브라토라는 면에서 완벽하게 일치한다.

숏텀패스를 들어보면 알겠지만 상당히 재미있고 다양한 감정을 연출 할 수 있다. 물론 이것을 많이 한다고 듣기 좋은 것도 아니고 꼭 연출해야만 노래를 잘하는 보컬이라고는 더더욱 할 수 없다. 하지만 그때그때의 다른 느낌을 표현하는 데 도움을 줄 수 있을 것이며 여러 장르의 보컬을 소화해 내는 가수가 되고 싶다면 꼭 필요하다 하겠다.

연습

1) 일반적인 숏텀패스의 연습

 미디어 V-32 : 숏텀패스 연습(남)

　이 미디어는 천천히 위치를 바꾸어가며 숏텀패스를 넣은 예제이다. 라 랄라라라..에서 각각의 '라'의 위치를 바꾸어 짧은 비브라토(숏텀패스)를 넣은 것을 들어보자. 그리고 그것을 따라 불러본다.

 미디어 V-33 : 숏텀패스 연습(여)

 미디어 V-34 : V-32, 33을 위한 연습용 MR

2) 애들립 라인에서의 숏텀패스의 연습

 미디어 V-35 : 꾸부리의 아주 느린 예제

도움을 주기 위해 아래의 그림을 참고로 하자.

아주 느릴 땐 숏텀패스가 없는 것을 볼 수 있다.

이미지 vp-11

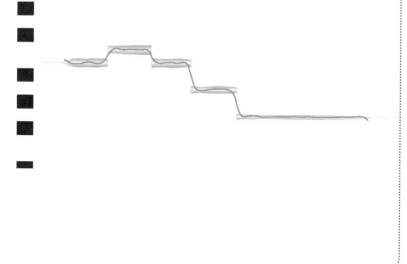

미디어 V-36 : 빨라지는 꾸부리

위 V-35 미디어에서 조금 더 빨라지는 예제를 몇 개 실었다.
숏텀패스를 넣어 부른 것을 주의 깊게 들어보아라.

이미지 V-12

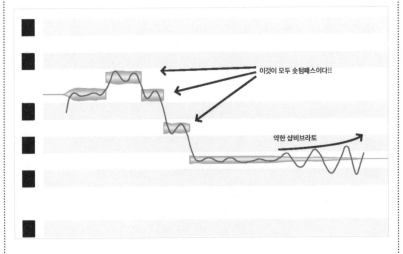

이것이 모두 숏텀패스이다!!

약한 샵비브라토

미디어 36의 일부를 이미지화한 그림이다.

숏텀패스가 강하게 있는 것을 볼 수 있다. 멜로디 라인에 숏텀패스가
있을 때와 없을 때의 다른 점을 확연히 느낄 수 있을 것이다. 숏텀패스
의 효과는 마법과도 같다.

밴딩으로 세련되게!

밴딩(bending; bend[bend]
: 굽히다. 굽은 곳. 구부림. 휨

1. 밴딩이 느리다!!!

예전에 어느 가수와 보컬녹음을 하고 있었다. 미디엄템포의 곡이었고 제법 살랑살랑하면서 아름답고 예쁜 곡이었다. 특히 후렴 부분에서 시작 멜로디가 시원하게 뻗어야 하는 곡이었는데….

웬일일까? 뭔가 시원하게 들리지 않았다. 약간은 촌스럽게 들리기까지 도 했다.

미디어 B-01 : 느린 밴딩

밴딩이 상당히 깊고 느리게 온음에 도착하는 예이다.

어느 가수의 어느 곡이라고 밝힐 수는 없지만 위 미디어와 비슷한 느낌이라고 생각하면 될 것 같다. 난 가수에게 좀 더 빨리 온음을 찾아가기를 요청했고 밴딩의 깊이도 너무 깊은 아래에서 시작하지 않았으면 좋겠다고 말했다.

문제가 발생했다. 그 가수는 낮고 느리게 가는 밴딩에 너무도 익숙해져 있어서 다른 스타일의 밴딩 연출이 쉽지 않았다. 할 수 있는 만큼 노력해 보았고 안타까웠지만 결국은 음정 보정 프로그램으로 마무리를 지어버릴 수밖에 없었다. 그렇게 수정되고 나서의 경우는 다음과 같다.

 ## 미디어 B-02 : 좀 더 빠른 밴딩

밴딩의 사전적 의미는 '구부리다'라는 의미이다. 노래 분위기를 연출하려고 일부러 음을 다른 노트에서 시작하여 원음을 찾아가는 음의 변화를 밴딩이라고 부른다. 조금 더 이해를 쉽게 하기 위해서 아래의 미디어를 들어보자.

 ## 미디어 B-03 : 밴딩 무

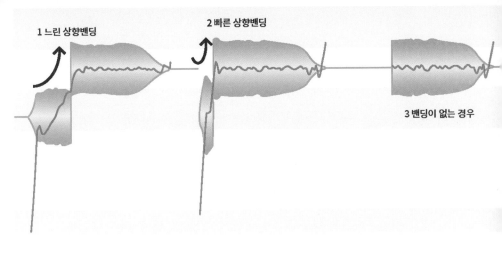

1 느린 상향밴딩

2 빠른 상향밴딩

3 밴딩이 없는 경우

이미지 BP-01 : 위 미디어의 멜로다인 그림 비교

위의 미디어를 들어보면 첫 번째 사운드는 밴딩을 느리게 하여 음을 연출한 예이고 연속하여 나오는 두 번째는 좀 더 빠른 밴딩으로 연출하여 만든 것이다. 세 번째에서는 아무런 밴딩도 하지 않았다.

이렇듯 밴딩을 이용하여 더욱 부드럽고 자연스러운 음의 연출을 돕는다. 아래에서는 선율에 밴딩을 뺀 경우와 넣은 경우를 들려준다.

 미디어 B-04 : 밴딩 - 안녕하세요(여자)

'안녕하세요'라는 멜로디로 밴딩이 없는 것과 있는 것을 연속으로 실었다. 처음에는 밴딩이 없지만 두 번째 반복할 때에는 모든 어절에 밴딩이 있는 예제이다.

차이를 느끼는가?

만약 밴딩이 없다면 음과 음 사이가 딱딱하게 들릴 수도 있다. 밴딩은 보컬뿐만 아니라 많은 리드 악기에서 자주 사용되는 연출이다.

어떤 한 음을 온전하게 내기 위해서 곧바로 그 음을 낸다면 그것이 정확한 표현이긴 하지만 상당히 딱딱하고 재미없게 들릴 수도 있다.

밴딩은 음의 연출을 다이내믹하고 부드럽게 연출 할 수 있도록 도와주기도 하며 다양한 감정 연출을 필요로 할 때 많이 사용된다.

깊은 밴딩은 그만큼 더욱 깊고 다양한 감정연출을 할 수 있기 때문에 슬프고 구성진 발라드 또는 성인가요, 트로트 등에서 주로 이용된다. 물론 이런 밴딩의 깊이로 올드한 느낌이라고 논할 수는 없다.

깊은 밴딩 창법이지만 젊은 세대에서 좋아하는 스타일에 맞게 담백하며 세련되게 연출해내는 가수들도 제법 있다.

대표적인 예로, 가수 '이승환'을 꼽고 싶다. 그의 보컬은 상당히 깊은 밴딩을 가지며 가사 앞에 엑센트를 두어 부르는 경우가 많다. 자칫하면 올드한 분위기의 다소 어른스러운 분위기로 들릴 수도 있지만, 그의 타고난 미성과 중간중간의 감정조절, 테크닉을 이용하여 자신만의 개성으로 아주 세련된 연출을 하는 대표적인 아티스트라고 할 수 있다.

또 다른 깊은 밴딩의 예로, 가수 '민경훈'을 들 수 있다. 밴딩의 깊이도 깊이지만 이 가수의 노래를 들어보면 밴딩의 속도도 상당히 느리다는 것을 느낄 수 있을 것이다. 거기에 멈추지 않고 느린 비브라토 레이트. 이러한 것들이 어우러져 전체적으로 올드패션Old Fashion한 보컬의 느낌을 받게 된다.

하지만 이러한 부분들을 자신만의 강한 개성으로 연출시키기에 '민경훈'스러운 창법과 목소리로 우리에게 각인되었다.

올드패션이라는 기준으로 세련됨과 세련되지 않음을 논하기는 힘들다.

버스커버스커의 '장범준' 역시 그와 비슷한 음악 스타일로 노래하는 다른 가수들에 비해 어린 나이임에도 불구하고 상당히 올드패션한 밴딩과 비브라토를 가지고 있다.

밴딩이 심한 편은 아니지만 어절마다 들어가 있는 음의 세기와 비브라토가 상당히 복고적인데 그의 이런 노래 스타일은 요즘의 새로운 트랜드 중 하나로 자리 잡았다.

한편, 밴딩이 없는 노래의 단편적인 예로 동요나 가곡의 창법들이 있다.

밴딩이 없으면 위에 언급한 것처럼 다소 딱딱한 느낌을 줄 수도 있지만 가볍고 경쾌하며 맑은 분위기를 연출 하는 것에 도움이 되기도 한다. 그래서 동요 등에서 아이들이 쓰는 창법이나 어린이들이 주로 부르는 만화 주제가에서는 이런 밴딩들을 생략하고 부르는 경우가 많다.

성인들을 대상으로 하는 가요나 팝 음악에서는 이런 경우를 찾아보기가 쉽지는 않다.

'제이레빗'이 부른 곡들을 들으면 밴딩이 전혀 없는 것은 아니지만 많이 절제하고 부른다. 이런 곡에서 느껴지는 분위기는 바로 담백, 깨끗한 느낌이다.

또 다른 예로 '옥상 달빛'이 부른 '수고했어. 오늘도'라는 곡이 있다. 이 역시 위와 같이 밴딩을 많이 절제한 경우이다.

이제 센스있는 독자라면 어느 정도 감이 왔겠지만 '밴딩의 절제(위의 예제 곡들 에서는 비브라토 역시 절제되었다.)는 깊은 감정이 필요한 곡보다는 상쾌하고 담백한 곡에서, 청순함이나 깨끗함 또는 편안하게 이야기하듯이 노래하는 느낌의 곡에서 많이 사용되고 더욱 잘 어울리겠구나!'라고 생각할 수 있을 것이다.

지금까지 설명한 부분을 정리해 보겠다.

밴딩은 그 깊이와 속도, 그리고 모양새에 따라서 다양한 보컬을 연출할 수 있게 하며 비브라토와 함께 자신만의 개성을 만들어 내는 데 있어 중요한 역할을 한다.

일반적으로 밴딩은 노래의 첫 소절부터 동반되는 경우가 많으며 중간중간 우리가 인식하지 못하는 사이에도 많이 곁들여지기 때문에 당연히 노래의 전체적인 분위기도 좌우하게 된다.

혹시나 아직 밴딩에 대해서 이해하기 어려운 독자가 있다면 아래의 예제를 들어보길 바란다.

앞의 미디어를 듣고 이해를 하였다면 아주 훌륭하다. 뭔가 다름은 느끼지만 정확하게 뭐가 다른지 꼭 집어내기 힘들다면? 그것도 괜찮다. '뭔가

 미디어 B-05 : 밴딩 없는 애국가

 미디어 B-06 : 밴딩 추가 애국가

다르긴 다른데~!' 라는 느낌만으로도 충분하다.

　이번엔 애국가를 남자의 목소리로 여러 가지 밴딩과 비브라토를 곁들여서 연출해보겠다. 그리고 이미지로 분석해보았다. 이해하는 데 많은 도움이 될 것이다. 계속 반복해 들어가며 꼼꼼히 짚어보자.

 미디어 B-07 : 남자가 부른 애국가

BP-02 남자가 부른 애국가의 이미지

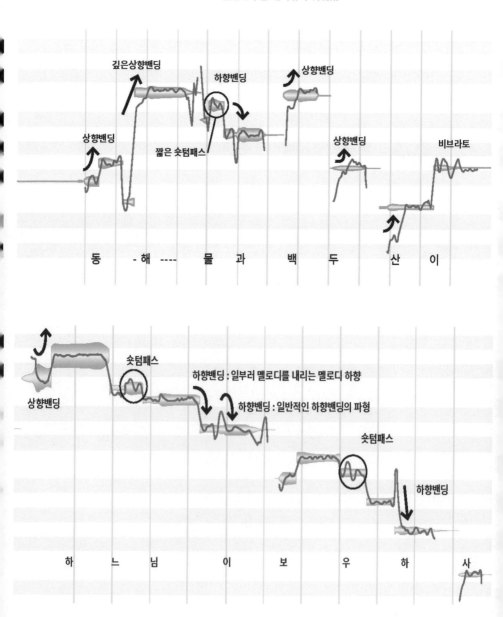

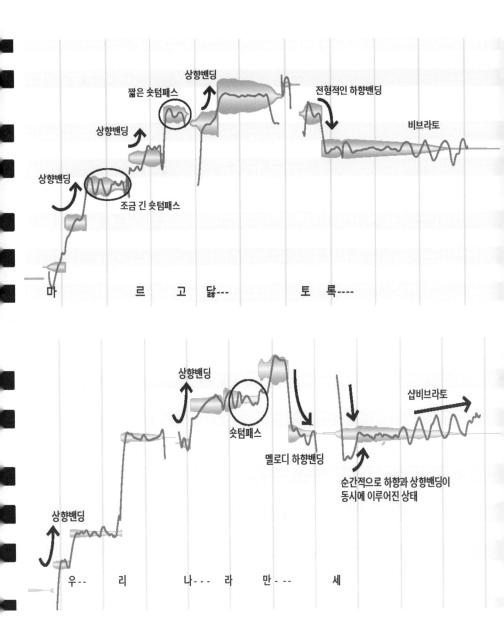

지금부터 본격적으로 밴딩이란 놈을 파헤쳐보겠다.

밴딩의 요소는 다음과 같이 세 가지로 분류해 볼 수 있다.

1) 깊이

어느 음에서 시작하는 가이다. 온음 스케일의 경우 대부분 원래 음에서 1도 낮은 음에서 시작한다. 물론, 법칙은 아니며 일반적으로 그렇다는 것이다.

이미지 BP-03 : 멜로다인 그림으로 밴딩의 요소를 설명한 이미지

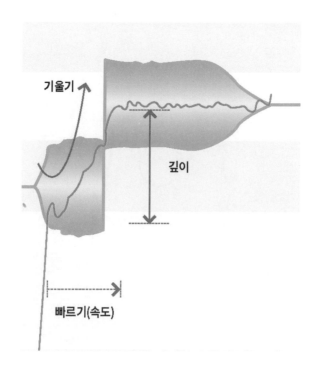

어렵게 느껴질 것이다. 인내심을 가지고 이 단락의 마지막까지 천천히 읽고 다시 처음으로 돌아오면 훨씬 수월하게 이해할 수 있을 것이다.

　다시 설명해 보겠다. '미'라는 음을 내기 위해서 '레'부터 음을 시작하여 '미'까지 곡선을 그리면서 음을 찾아가게 되는 것이다. 밴딩은 대부분이 이런 경우를 가지지만 곡의 분위기에 따라서, 부르는 가수의 연출에 따라서 더 깊이에서 시작하기도 하고, 더 얕게, 또는 위에서 아래로 향하는 하향 밴딩으로 연출 할 수도 있다.

2) 빠르기; 속도

　위의 깊이를 가지고 얼마만큼 빠르게 혹은 느리게 제 음을 찾아가느냐 하는 것이다. 빠르게 원래의 음을 찾아가면 상당히 강하고 힘찬 표현이 가능하다. 상대적으로 느린 속도의 밴딩은 그루브하고 감정적인 표현이 가능해진다. 물론 이것 역시 법칙은 아니지만 많은 경우가 이에 따른다.

3) 기울기

　기울기는 밴딩의 특성을 단적으로 표현해준다. 기울기라 하면 밴딩이 되어 올라가거나 내려가는 음 변화의 모양새라고 할 수 있는데 이 부분에서 상당히 개성적인 표현들이 가능해진다.

　기울기는 위에서 몇 번 언급한 상향과 하향곡선으로 크게 나누어지며 그런 큰 테두리 안에서 완만한 곡선, S자곡선, 급격한 곡선 등 여러 가지의 밴딩으로 연출해 낼 수 있다.

2. 촌스러운 것과 세련된 것

이 장의 처음에 밴딩만으로 세련될 수 있다고 표현했다. 여기에 함정이 있다. 세련됨은 그 어느 것으로 정의할 수 없기 때문이다.

밴딩은 시대적인 분위기에 따라 반영되는 부분이 많이 달라지며 장르, 곡의 특성에 따라 그 영향력을 너무나도 크게 행사하기에 그만큼 밴딩으로 곡의 개성이 결정된다고 해도 과언이 아니다.

필자는 깊은 밴딩이나 느린 밴딩에 대해서 호의적이진 않다. 하지만 위에서 언급했던 '민경훈'과 버스커 버스커의 '장범준'의 경우는 밴딩과 비브라토가 상당히 80년대스럽지만 우리가 흔히 말하는 '개성있는' 창법을 만들어 낸다. 또한, 이것이 오늘날의 트랜드이자 유행이 되었다. 유행은 돌고 도는 것이니….

다른 예로 가수 '박효신' 역시 초창기에는 제법 깊은 밴딩과 깊은 비브라토를 지니고 있었고 그가 가진 아주 개성 있고 풍부한 보컬 톤과 중간중간 마음껏 컨트롤되는 밴딩, 비브라토, 숏텀패스, 호흡, 성량, 발음 등으로 아주 트렌디하며 강한 호소력을 보여주었다. 어느 시대에도 속하지 않는 듯한 자신만의 스타일로 유행을 이끌어 가고 있다. 심지어 박효신의 비브라토는 깊이Depth와 횟수Rate가 느리고 깊은 편이며 가끔은 에어라토가 섞이기도 한다. 하지만 절대로 그에게서 촌스러움이나 보컬의 답답함은 느껴지지 않으며 듣는 이로 하여금 그의 감성에 푹 빠져들게 만든다.

중요한 것은 자신의 감정으로 해석하고 만들어가고 연출하는 모든 것들을 복합적으로 혼합하여 자신만의 가창력으로 만들어내는 것이라고 할 수 있겠다.

　음악이란 예술은 절대로 어느 하나만으로 설명되어 질 수 없다.

　참고로 조금은 다른 이야기지만 '아이유'의 리메이크 앨범 '꽃 갈피'의 곡들을 들어보면 비브라토를 최대한 절제한 채 밴딩의 느낌만으로 충분히 담백하고 아름다운 선율을 들려준다. 밴딩의 조절만으로도 좋은 보컬이 담긴 앨범까지 만들 수 있다는 것이다. 물론 Zion-T와 같이 '리듬감이 좋다'거나 박효신과 같이 '호소력이 좋다'는 것과는 거리가 있을 수도 있지만 과하지 않으면서 충분히 리듬도 좋다.
　담백하다는 것, 그 또한 아주 강한 또 다른 호소력으로 다가온다.

3. 밴딩의 종류

지면으로 표현하기엔 너무나도 딱딱하다. 밴딩의 종류라는 것은…. 하지만 최대한 간단하게 두 개의 밴딩으로 나누어 설명해 보겠다. 비교적 독자들이 이해하기 쉬울 것이다. 이 두 개의 밴딩은 색깔이 아주 달라서 연습하고 숙지한다면 보컬 연출에 큰 도움이 될 것이다.

1) 상향 밴딩

가수들이 음 연출 시 일반적으로 많이 시도하는 밴딩이다. 목표 음보다 낮은 음에서 출발해서 원음에 이르게 되는 밴딩 스타일이다. 가수에 따라서 제각기 의도적으로 밴딩을 만드는 경우가 대다수지만 의외로 자신도 모르는 사이에 이런 밴딩이 이루어지는 경우도 많다.

이미지 BP-04 : 여러 상향 밴딩의 예를 멜로다인 화면으로 보여준다.

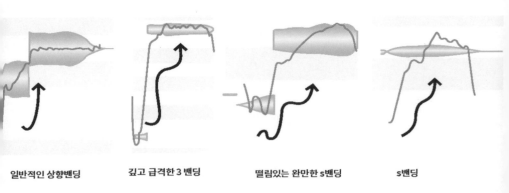

일반적인 상향밴딩   깊고 급격한 3 밴딩   떨림있는 완만한 s밴딩   s밴딩

앞의 이미지에서처럼 상향되는 밴딩은 그 곡선이 매우 다양하다. 보컬리스트의 특성에 따라서 다른 그림으로 나타나지만, 그 성격은 유사하다. 하지만 곡선의 기울기와 깊이, 그리고 목적 음에 다다르는 빠르기 등은 곡의 감정과 리듬에 많은 영향을 끼친다.

아주 중요한 부분이 있다!!!
위에서 말했던 것처럼 사람들은 자신도 모르게 밴딩을 하게 되는 경우가 많은데 이것을 빼고 부르려고 할 경우 오히려 노래하는 것이 어렵게 느껴질 수도 있다. 습관적으로 해 오던 것이라 빼고 부르기가 어려운 경우가 많기 때문이다. 자신도 모르게 하는 테크닉은 몸에 배어 나오는 경우가 많아서 이런 습관을 조절하고 컨트롤 하지 못한다면 다양한 음악 연출을 하는 데 큰 어려움이 될 것이다.

연습(상향밴딩의 적용과 비적용 훈련)

 미디어 B-08 : 안녕하세요 남여 메들리 밴딩연습 AR

 미디어 B-09 : 안녕하세요 남여 메들리 밴딩연습 MR

다음의 미디어를 통해서 밴딩을 스스로 컨트롤 할 수 있도록 훈련하자. 완벽하진 않더라도 이런 습관을 지니게 되면 자신의 보컬 컨트롤 능력 향상에 큰 도움이 될 것이다.

분별력을 키우기 위해 한번은 밴딩을 넣지 않고 한번은 밴딩을 넣어서 연습한다.

2) 하향밴딩

아주 재미있는 밴딩이다. 요즘 유행하는 팝 트랜드에서 비교적 어렵지 않게 들을 수 있다. 위에서 설명한 상향밴딩과는 반대로 목표 음보다 위에서 시작해 떨어지면서 원음에 이르게 된다.

미디어 B-10 : 하향밴딩
(일반적인 멜로디와 하향밴딩을 이용하여 연출한 미디어를 연속으로 실었다.)

위의 미디어에서 보면 전자는 평범한 상향밴딩 또는 무밴딩으로 이루어져 있지만, 후자에서는 강한 하향밴딩이 연출된다.

이미지 BP-05

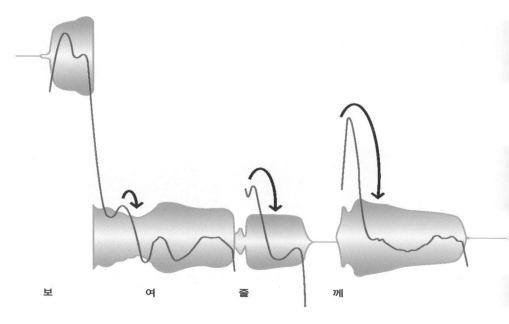

보   여   줄   께

그림에서 보면 위에서 아래로 내려가는 곡선을 볼 수 있다. 하향밴딩만을 연출 할 수도 있고 다음에 설명할 복합밴딩처럼 상향과 하향을 동시에 섞을 수도 있다.

하향밴딩은 곡의 느낌을 상당히 그르부하게 만들어주며 재지(Jazzy)한 보이스를 연출 하는 데 도움을 준다.

존 래전드John Legend의 'Ordinary people'이란 곡을 들어보면 하향밴딩이 인트로의 애들립라인부터 이미 시작되어 폭포처럼 쏟아져 내린다. 1절 후렴구 전까지 존 레전드의 보컬 연출을 분석해보겠다.

Ordinary People

John Legend

Girl im in love with you
This ain't the honeymoon
Past the infatuation phase
Right in the thick of love
At times we get sick of love
It seems like we argue everyday

I know i misbehave
And you made your mistakes
And we both still got room left to grow
And though love sometimes hurts
I still put you first
And we'll make this thing work
But I think we should take it slow

● 빨간색 : 상향밴딩　● 검정색 밑줄 : 하향밴딩
● 파란색 : 샵비브라토　● 초록색 : 올디라토

여기에 음악을 직접 게재할 수는 없다. 각자 알아서 듣길 바란다. 여러 번 반복해서 들어보면 더 많은 도움이 될 것이다. 상향밴딩과 하향밴딩이 교묘하게 짜깁기 되어서 아주 독특한 보컬 색을 드러낸다. 물론 존 레전드의 목소리 톤은 역시 레전드급이다. 기존의 비브라토 장에서 언급했던 샵비브라토도 많이 연출되었으며 또한 숏텀패스도 들을 수 있을 것이다.

가사말의 시작에서는 일반적인 상향밴딩도 연출 되지만 중간중간 문자의 끝부분에 하향밴딩을 연출해 줌으로써 아주 다양한 보컬을 연출한 대표적인 예이다. 이런 부분을 숙지하고 이해하면서 이 곡을 따라 부르며 연습하는 것도 매우 유익하리라 본다. 더 나아가 자신만의 스타일로 바꿔서 불러본다면 아주 좋을 것이다.

연습(하향밴딩)

다음의 미디어를 듣고 따라해보자.

 미디어 B-011 : 여자 하향밴딩 연습용 AR

 미디어 B-012 : 여자 하향밴딩 연습용 MR

 미디어 B-013 : 남자 하향밴딩 연습용 AR

 미디어 B-014 : 남자 하향밴딩 연습용 MR

3) 복합밴딩

상향과 하향이 같이 존재하는 경우가 이에 해당한다.

애국가 남자 버전 미디어에서 '우리나라 만세!'에서 '세'에 해당하는 밴딩이다. 이 밴딩의 경우 상향과 하향밴딩이 충분히 연습 되어 있다면 어렵지 않게 연출 할 수 있을 것이다.

결과적으로 보았을 때 두 밴딩의 요소를 결합한 형태인데 동시에 연출하는 경우도 더러 있으므로 밴딩 종류의 하나로 구분하여 놓았다. 즉 상향만 따로, 하향만 따로 분리하여 생각할 필요가 없다는 얘기이다. 이런 모든 밴딩은 스스로 터득하여 자유자재로 구사하는데 그 의미가 있다.

복합밴딩에 대해서는 특별한 연습방법을 수록하진 않겠다.

중요한 점은 자신이 원하는 곳에서 원하는 밴딩 또는 무밴딩으로 컨트롤을 할 수 있어야 한다는 것이다.

종합연습

　이 연습단계에서는 한 토막의 노래 부분을 자신이 직접 해석하여 상/ 하향, 또는 무밴딩을 연출 하는 능력을 길러주는데 목적이 있다.

 미디어 B-015 : 밴딩의 복합 연습 AR

 미디어 B-016 : 밴딩의 순서를 섞은 듀엣버젼 AR

　두 번째 패턴에서는 남녀가 하모니를 연출한다. 같이 연습하기 좋을 것이다. 그리고 뒤에는 반주만 실었다. 따라하면서 연습하다가 자신이 직접 복합적인 밴딩을 연출해보는 용도이다.

 미디어 B-017 : 밴딩복합 연습 MR

스마트폰으로 QR코드를 찍어보세요!

스마트폰으로 QR를 찍으면 영상은 유튜브에서
음원은 블로그에서 무료로 이용하실 수 있습니다.

블로그

유튜브

리듬감!
절반은 끝난 셈이다!

1. 옥주현이 부른 'Catch'의 비밀

몇 년 전, K 대학에서 특강을 했을 때의 일이다.

수많은 강의를 해 봤지만, 그날의 학생들은 유독 눈을 반짝이면서 뚫어질듯이 필자만 바라보았다. 묘한 긴장감마저 들었다. 이런저런 이야기를 하며 전체적으로 학생들을 쭉 둘러보니 적극적인 학생과 소극적인 학생의 눈빛이 제대로 구분되어 보였다.

강의가 진행되면서 딱딱했던 분위기가 조금씩 풀어졌고 강의가 내 스타일대로 오버스러워 질 즈음이었던 것으로 기억한다.

질의 응답시간을 가졌는데 여러 질문 중에 유독 한 여학생의 질문이 나의 정신을 번쩍 들게했다. 복장도 멋들어지게 차려입었고 자기관리가 확실해 보이는 준수한 외모의 여학생이었다.

질문의 내용은 이러했다.

"옥주현의 Catch라는 곡에서 1절은 거의 스트레이트 비트로 들리고 2절에는 그루브한 느낌이 있던데 2절에선 의도적으로 바운스를 타신 건가요?"

허…. 진정 놀라웠다. 게다가 그 여학생은 작곡이나 보컬 지망생도 아니라고 했다. 단순히 노래를 조금 더 잘하고 싶어 하는 정도의 학생이 당돌하게 던진 질문이 이렇다니….

이것이 왜 놀라운 질문이었을까?

2. 스윙(Swing) / 레이백(Lay Back)

'catch'라는 곡의 기본리듬은 셔플 즉 트리플렛 비트^{Triplet Beat}이다. 조금 더 세밀하게 말하면 16비트의 트리플렛 비트이다. '16비트의 트리플렛 비트? 이게 뭐지?' 하는 사람들이 많을 것이다.

다음의 미디어를 들어보자

 미디어 R-01 : 바운스 없는 캐치

같은 템포와 같은 멜로디를 가진 노래의 한 부분이다. 하지만 느낌은 전혀 다르다. 감이 오는가?

어려운 사람도 있을 것이다. 지금 당장은 '음, 뭔가 다른 것 같은데' 정도만 이해하면 된다.

 미디어 R-02 : 바운스 캐치(16비트 스윙바운스)

위에 들려준 리듬은 스트레이트 비트Straight Beat에 바운스Bounce와 스윙 Swig을 주어 살짝 변화를 준 것이다. 이 외에도 셔플Shuffle, 틀리플렛Triplet 이라는 것을 이용할 수도 있다.

이러한 여러 종류의 비트들이 리듬의 변화에 사용된다.

강연 때 그 여학생은 이런 세심한 리듬의 변화를 느꼈기 때문에 질문한 것이었다.

'와! 참 섬세하구나.' 놀라운 만큼 세밀한 청각을 가지고 있는 여학생이었다.

'Catch'를 녹음할 당시에 보컬인 '옥주현'은 그 어떤 가수보다 풍부한 성량과 훌륭한 테크닉을 가지고 있었다. 하지만 녹음을 하면서 내가 놓친 부분이 있었다. 그것은 바로 'Catch'의 스윙비트를 처리하는 방법이었다.

이 곡은 약간의 스윙비트를 가미한 단순한 미디엄템포의 댄스곡이었는데, 녹음을 시작할 즈음 문제가 생겼다.

이 곡은 결코 스트레이트 비트가 아닌 어느 정도의 3박 계열, 즉 트리플렛을 위해서 스윙을 가미한 곡이니 '바운스'를 충분히 타면서 불러야 한다는 곡 설명을 미리 하지 않았던 것 말이다. 당연한 이야기지만 그녀는 내가 의도한 대로 바운스를 타는 것보다 스트레이트에 가깝게 노래를 부르고 있었고, 늦었지만, 그녀에게 더 그루브한 바운스를 타길 권유했다. 그래서 2절 부분에서는 살아났던 것이다.

결과적으로 1절과 2절은 미묘하게나마 다른 리듬을 가지게 되었으나 상대적으로 스트레이트 한 1절의 리듬과 2절의 좀 더 그루브한 리듬으로 곡을 더욱 극적으로 표현할 수 있게 되어서 결국 그렇게 곡을 완성했다.

하여튼 내 주변에는 이것을 의도적으로 표현했느냐고 물어본 사람은 없었다.

위의 미디어 R-01, 02를 반복해서 들어보면 알 수 있듯이 그 짧은 소절에서도 느껴지는데 하물며 노래 전체는 어떻겠는가?

리듬에 따라 노래의 느낌은 180도 달라진다.

R-01과 R-02 중에 무엇이 정답이라고 할 수 없으며 당연히 무엇이 더 좋다고 말할 수도 없다. 곡의 의도에 따라서 그 맛을 달리할 뿐이며 이것이 리듬의 가장 기본이다.

리듬은 모든 것을 다르게 표현할 수 있다.

필자가 이 책의 모든 부분을 통틀어서 가장 강조하고 싶은 부분이 바로 리듬이다.

그럼 이 시점에 리듬의 변화를 살짝 느껴볼까? 아래의 예제를 통해서 조금 더 명확한 리듬의 변화를 들을 수 있을 것이다. 정말이지 음악에서 리듬의 중요성은 아무리 반복해도 부족함이 없다.

 미디어 R-03 : 바운스 - 그대가 나를 쳐다보면

 미디어 R-04 : 바운스 없는 - 그대가 나를 쳐다보면

위의 예제 두 개는 완벽하게 똑같은 반주 음악(MR)에서 순수하게 보컬만을 이용하여 만든 그루브이다. 확연하게 다른 두 개의 미디어를 느끼는가? 뭔가 다름을 느끼기만 하여도 행복한 순간이다.

참고로 말하자면 반주 음악은 8비트를 기본으로 했기 때문에 보컬에 아무런 영향을 미치지 않았다. 왜냐하면, 보컬의 바운스는 16비트를 기준으로 움직였기 때문이다. 이 말을 이해 못 하는 것은 너무나 당연할 수 있다. 일단 읽어 준 것만으로도 필자 역시 행복하다.

연습(리듬 재미있게 바꾸어보기)

 미디어 R-05 : 연습용 예제

위 미디어 R-03, 04번을 이용하여 조금 긴 반주 음악을 실었다. 위의 03, 04번을 들어가며 한번은 스트레이트로, 한번은 바운스를 넣어본다. 자자자!! 이것은 많이 듣진 말자. 한번 들은 느낌만으로 족하다.

재미를 붙였다면 버릇처럼 입에 달고 살면 된다.

3. "리듬감! 이것 하나면 충분하다"

   노래를 부를 때 들이마시는 숨(들숨)의 위치와 내뱉는 숨(날숨)의 위치, 음의 길이, 밴딩의 위치와 깊이와 속도, 비브라토의 위치와 길이와 깊이 등등. 이 모든 것 중에서 리듬이 차지하는 비중이 제일 높다. 전체적으로 리듬이 노래의 모든 것을 지배한다고 봐도 무방하다.

   작곡가 겸 프로듀서로서 수많은 아티스트들의 보컬 디렉팅을 진행해왔는데 그러다 보니 재미있는 것을 발견하게 되었다.

   그게 무엇이냐 하면 같은 곡을 부르는 여러 가수의 노래가 '리듬감'으로 정확히 그 느낌이 달라진다는 것이다.

   '이 사람은 이 곡이 어울린다와 어울리지 않는다.'

   다르게 표현해볼까?

   '이 사람은 이 곡을 잘 소화시킨다와 소화시키지 못 한다.'

   어떤 사람들은 가수와 곡의 어울림을 단지 곡의 영향으로, 발성의 문제로, 가수 기교의 문제 등으로 치부해버리고 평가하는 경우가 있는데 이것은 중요한 것을 망각하는 것이다.

   가수와 곡 안에 진정으로 중요한 존재이지만 드러나지 않게 조심스럽게 숨어 있는 놈이 '리듬'이라는 놈이다.

   '리듬감' 이것 하나로 발성도 호흡도, 비브라토도 다 필요 없다.

보컬리스트는 리듬감 하나로 곡을 충분히 매력 있고 맛깔나게 부를 수 있다. 또한, 청중을 사로잡을 수 있다.

오디션 등에서도 볼 수 있으며 누군가의 노래를 들을 때도 느낄 수 있다. 저 사람은 음정이 정확한 것도 아니고 발성이 기가 막힌 것도 아닌데 이상하게 느낌이 좋네…. 이런 것들이 모두 리듬의 영향이다.

많은 보컬 관련 도서들이나 지도하는 선생님들이 리듬감의 중요성을 간과하고 호흡과 발성에 치중하는 경향이 있는데 과감하게 말하겠다.

'리듬'은 노래의 시작과 끝이다.

물론 호흡, 비브라토, 발성, 밴딩, 무대매너, 연기…. 등등 여러 가지 복합적인 요소들이 있다. 그런 것들이 필요 없다는 것은 당연히 아니다. 이 모든 것들을 리듬감이 지배할 수 있다는 말이다.

그럼 본격적으로 리듬에 대해 공부해볼까?

리듬은 위에서 간단히 언급했던 스윙/ 바운스가 기본이나 단순히 스윙/ 바운스를 잘하는 것만으로 해결되는 것은 절대로 아니다. 여러 가지 리듬의 요소들이 있는데 이런 것들이 잘 어우러져야 한다.

미디어 R-06 : 스트레이트 -사랑하는 사이

 미디어 R-07 : 바운스 - 사랑하는 사이

위의 미디어를 들어보자. 리듬을 실은 예제들이다. 같은 곡이지만 무언가 다르게 리듬이 움직이고 있는 것이 느껴진다. 느낄 수 있겠는가? 그렇다면 반은 이해한 셈이다. 음원을 몇 번이고 반복적으로 듣고 체득하자.

리듬은 보컬의 부품이라 할 수 있는 소리, 호흡, 길이 등등이 어디에 어떻게 위치하느냐에 따라 그 맛이 달라지는데
여기에서 질문.
"곡을 어떻게 이해하고 연습해야 할까요?"
시원하게 대답부터 내려줄까?

'리듬'에 온전히 포커스를 맞춘다.
'어떻게 하면 리듬을 잘 표현할까?'라고 바꿔서 생각해라.

그리고 부가적으로 이 책을 반복하여 읽고 주어진 방식대로 연습해 보자. 몇 개월 지나지 않아 엄청나게 바뀌어 있는 자신을 발견하게 될 것이다. 당신이 리듬감이라는 것에 온전히 포커스를 맞춘다면 반드시 그것을 마스터 할 수 있게 될 것이다.

잠시 깊은 호흡을 하며 눈을 감고 생각해보자.

'난 리듬을 지배할 것이다.'

천천히 집중하며 호흡을 가지런히 해보자. 이제 준비는 끝났다. 지금부터 필자가 들려주는 이야기를 천천히 즐거운 마음으로 읽어보자.

 미디어 R-08 : 레이백 - 사랑하는 사이

위의 미디어를 들어보자. 아무런 기교도 없고, 호흡이나 발성에 중심을 두지도 않았으며 현란한 비브라토도 존재하지 않는다. 하지만 충분히, 충분히 재미있게 들린다.

위의 예제는 같은 멜로디와 반주 음악이지만 보컬의 비트를 밀고 당겨서 만든 리듬 비트의 예제를 필자가 직접 불러본 것이다. 참고로 이런 리듬의 '밀당'을 흔히 레이백이라고 부르는데 이것은 이 장의 뒤에서 리듬과 함께 다시 설명하겠다.

4. 리듬의 첫 스텝 : SWING 완벽 깨치기

swing [swɪŋ] :

1. 앞, 뒤로 흔들리다/ 고정된 것을 잡고 돌다/ 활기차다

2. 음악을 스윙 조로 연주하다

먼저 다음 악보 이미지를 보자.

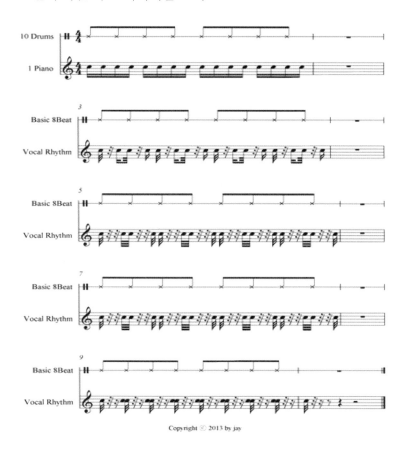

앞의 악보만 보면 많이 당황스러울 것이다.

아래 그림은 앞의 악보를 간략하게 만든 것이다.

그림 RP-01

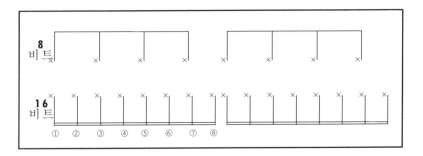

느린 8비트 리듬 안에서 16비트 보컬의 리듬을 나타낸 것이다. 가장 위의 악보는 스윙을 전혀 주지 않은 스트레이트이며 내려갈수록 점점 많은 스윙을 적용했을 때의 변화이다. 어려울 수 있을 것이다. 비교적 쉽게 이해할 수 있도록 미디어까지 겸하여 다시 살펴보자.

 미디어 R-09 : 16th No Swing.

위의 미디어에서 '치치'거리는 하히햇(Hi-Hat)소리는 그림01에서 위 8비트에 해당한다. 그리고 멜로디로 연출되는 소리가 바로 아래의 16비트에 해당한다. 그림의 위는 8비트이고 아래는 그것을 반으로 쪼갠 16비트 리듬이다.

비트의 표현이 익숙하지 않고 어렵게 느껴질 수도 있을 것이다. 일단 그러려니 하고 천천히 계속 따라오길 바란다. 아! 하는 순간을 만날 것이다.

16비트 스윙은 정박자에 해당하는 홀수 넘버(①③⑤⑦)는 움직이지 않고 짝수 넘버(②④⑥⑧)를 뒤로 미는 리듬이다. 어려운가? 아래의 그림을 보자.

그림 RP-02

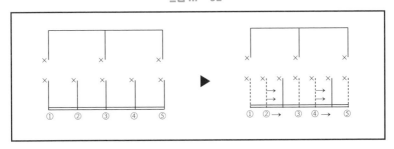

짝수넘버의 비트가 정박자인 홀수에 가까워진 그림이다. 이렇게 되면 어떻게 들리냐고? 미디어를 들어보면 조금 더 이해가 쉽게 될 것이다.

미디어-09에 비해서 달라진 것이 느껴지는가? 09번을 들은 후에 미디어-10을 들어보라.

 미디어 R-010 : Swing 약

짝수 넘버의 16비트 박자가 그 뒤의 홀수 박자에 가까워질수록 스윙의 정도는 심해진다. 위의 RP-01 예제가 스윙이 50%인 경우. (정 가운데 위치, 리듬으로 말하자면 스트레이트 비트를 말한다). 2번이 3번에 가까워질수록 이 퍼센트는 올라간다.

2번이 3번이랑 완전히 마주치게 된다면 100%이다.

스윙이 50%에서 시작해서 90%가 될 때까지의 미디어를 연속으로 들어보자. 다섯 번째 나오는 박자는 짝수 16분음표가 그 다음 박자에 거의 가까워졌음을 알 수 있다.

 미디어 R-011 : Swing 강

위의 미디어를 들어보면 10보다 더욱 음들이 가깝게 붙어있음을 알 수 있다.

이것을 그림으로 표현하면 아래와 같다.

그림 RP-03

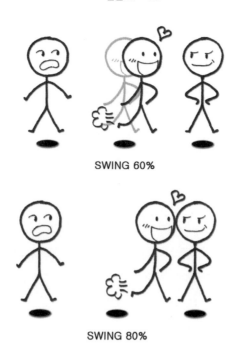

SWING 60%

SWING 80%

오른쪽에 가까워질수록 스윙이 많아진다. 반대로 왼쪽으로 간다면? 스윙은 줄어든다. 이것이 스윙의 개념이다.

참고로 덧붙여 설명하면 '스윙'이라는 재즈Jazz 음악의 장르를 아는지? 이 장르가 바로 리듬을 밀고 당겨서 3박자 계열의 리듬으로 변화시켜 연주하는 장르이다.

미디어 R-012 : Swing MIDI
(스윙곡의 예제, 간단한MIDI로 프로그램 된 음원이다.)

위의 미디어는 전형적인 스윙 곡이다. 이런 스타일의 음악 들어본 적 있지 않은가? 스윙을 빼면 어떻게 들리는지 보자.

미디어 R-013 : No Swing MIDI
(스윙곡에서 스윙을 빼고 스트레이트로 퀀타이즈*한 음원 예)

* 퀀타이즈[Quantize] 양자화 = 박자 맞추기
 : 정확하지 않은 박자를 규칙적인 기준으로 맞추는 기능

스윙이 뭔지 확실히 알 수 있지 않은가?

자! 정리해 보겠다!

단순하게 생각해서 스윙은 몇 개의 노트를 규칙적으로 밀고 당겨서 새로운 리듬을 만드는 것으로 생각하면 쉽다.

어느 정도 이해가 되었는가? 만약에 이해가 되지 않는다면 천천히 다시 읽어보시길. 단언컨대 어렵지 않을 것이다.

위의 과정으로 스윙에 대해 어느 정도 숙련되었다면 반대로 스윙을 스트레이트 비트로도 바꿔보기도 하고 가능하다면 다른 음악도 위와 같이 리듬을 변형시켜보자.

처음엔 어렵겠지만 이것을 습관화한다면 3개월 후엔 너무나도 달라진 자신을 느낄 수 있을 것이다.

일반인이라면 노래방에서 스타가 될 수 있을 것이고 보컬 준비생이라면 자신의 보컬에 크나큰 무기를 장착한 셈이 될 것이다.

5. 리듬의 두번째 스텝 : 레이백(Lay_back)의 매력

lay back[leɪ bæk]:

1. (속어) 긴장을 풀다; 마음을 편안하게 갖다.

2. (동물이 귀를) 뒤쪽으로 기울이다.

앞서 말한 스윙은 리듬을 규칙적으로 변화시켜 새로운 리듬을 만들어 때는 바야흐로 서태지와 아이들이 문화 대통령이라는 호칭을 받으며 X 세대의 대표주자로 자리매김하던 90년대 초반.

낯선 랩 음악들이 우리 가요계를 강타하기 시작했다. '난 알아요' 라는 강한 샘플을 바탕으로 하는, 과거에는 전혀 들을 수 없던 리듬으로 한국의 젊은이들을 꿈틀 거리게 했다. 그들의 패션, 춤, 문화는 한국의 가요계에 엄청난 변화를 가져왔다. (마치 영국의 비틀즈가 팝의 역사를 변화시켰던 것처럼) 그것은 미국의 마이클 잭슨이 팝의 획을 그으며 전설이 되었던 것과도 견줄 수 있을 정도였다. 당시에 필자 역시 '난 알아요'를 들으며 서태지와 아이들의 음악에 미친 듯이 빠져들었다.

하지만 지금 생각해보면 그들이 했던 랩은 상당히 정박에 가까운 단순한 리듬이었다. 음악적으로 말하자면 16비트 스트레이트.

그렇게 서태지와 아이들이 군림하고 있을 때 다른 한편에서 이들의 음악을 비난이나 하듯이 진정한 랩 음악은 '이것이다!' 라고 외치는 듀오가 있었다. 그들은 '듀스' 였다. -듀스는 이미 서태지보다 먼저 데뷔하여 랩

을 우리에게 전달하고 있었다. 그리고 단순한 16비트가 아닌 더 세분화되고 더 다이나믹한 리듬으로-

현재의 랩이 과거보다 발전된 것이라고 본다면 서태지의 랩보다 듀스가 훨씬 발전되어 있었다. 듀스의 '나를 돌아봐'의 중간에 나오는 랩과 서태지의 '난 알아요.'의 전반부에 나오는 랩을 비교해보면 듀스의 랩이 더욱 다이내믹하고 현란하게 꾸며져 있다는 것을 알 수 있다. 서태지의 팬으로서 서태지에 대한 맹목적인 사랑이 있기에 서태지의 단순한 랩이 더 좋았지만, 솔직히 말하면 듀스의 랩 연출이 더욱 현대적이라고 볼 수 있다.

하지만 '난 알아요'와 '나를 돌아봐' 두 곡의 공통점은 듀스의 곡이 조금 더 복잡하고 현란한 리듬을 가졌을 뿐 기본적으로는 스트레이트 비트라는 것이다.

팝 뮤직도 그랬다. 바비 브라운^{Bobby Brown}이나 M.C 해머^{M.C Hammer} 등이 랩의 전성기를 이뤘었는데 지금 들어 보면 그들의 랩은 정말 단순하다. 말의 뉘앙스를 맞추어 리듬을 싣는 운율^{Rhyme}도 없었다. 하지만 흑인 뮤지션들은 거기서 머무르지 않고 더 복잡하고 개성이 강하며 어려운 리듬을 만들길 원했다. 그것이 음악에 반영되면서 반주 음악^{MR}의 리듬도 변하기 시작했다.

2002년도에 발매된 브랜디^{Brandy} 의 'Full Moon' 앨범에 수록된 'I thought'를 들어보자. 곡의 시작에서부터 리드하는 리듬이 아주 독특하게 밀고 당겨져 있다.

미국의 유명한 프로듀서인 Dark Child(Rodney Jerkins ; 로드니 저

킨스)가 만든 트랙인데 이런 리듬은 순식간에 미국뿐 아니라 우리나라에도 많은 영향을 끼쳤다. 리듬의 변화가 일어나면서 보컬 역시 밀고 당기는 바운스를 묘하게 타기 시작했다.

이러한 방향으로 발전해 오다가 일부 뮤지션들은 더욱 많이 박자를 가지고 놀기 시작한다. 정박자에 부르지 않고 뒤로 살짝살짝 미루어가며 묘하게 그루브를 타기 시작했다.

제프 버넷Jeff Bernat의 'Cool Girls'를 들어보자. 랩 파트는 오묘한 박자를 타고 있고 후렴Chorus; Hook파트는 유명한 명품브랜드를 나열하면서 모든 리듬을 살짝 뒤로 미루고 있다. 노트들을 자연스럽게 레이백Lay Back 시킨 것이다.

내는 것이라고 한다면 이번에 설명하는 레이백은 리듬에 규칙성을 가지지 않고 미루어 만드는 리듬이다.

어렵나? 뭐 쉬운 게 어디 있겠어. 다음의 그림을 보자.

선글라스를 낀 친구들이 일정한 간격을 두고 서 있고 그 아래 그 사이 사이를 또한 일정한 간격으로 꼬마 친구들이 서 있다. 이것이 무엇을 의미하는지 알겠는가?

위의 스윙파트에서 이미 나왔던 그림이다. 일정한 스트레이트 비트를 보여준다.

선글라스는 4분음표이고 아래의 꼬마들은 8분음표이다. 움직이지 못하고 아주 일정한 간격으로 있는 이것이 스트레이트 비트이다. 어렵겠지만 이것을 악보로 표현한 것이 다음 그림이다.

스윙은 이 8명의 꼬마 중 선글라스 아래에 서 있는 꼬마들은 움직이지

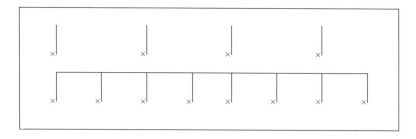

못하고 사이사이에 있는 꼬마들이 앞이나 뒤로 일정한 간격을 두고 움직
여 만들어지는 리듬이다.

　이제 레이백이다. 다음 그림을 보자

그림 RP-06

8명의 꼬마가 모두 제 맘대로이다. 뒤로 가는 친구들도 있고 제자리를 고수하는 친구들도 있고 사실상 엉망이다. 스윙처럼 고정적으로 서 있는 친구들이 있고 일정한 규칙으로 움직이는 친구들이 있는 것이 아닌 자기 맘대로 움직이고 있다.

레이백 이란 위에서처럼 리듬에 일정한 기준을 두지 않고 임의대로 뒤로 미는 것을 말한다. 아래 음원 두 개를 비교해보자.

 미디어 R-014 : 스트레이트(Master)

 미디어 R-015 : 레이백(Master)

확연하게 느껴지지 않는가? 스윙이랑 뭐가 다르냐고? 레이백이 아닌 스윙으로 바꾼 것도 들려주겠다.

미디어 R-016 : 앞의 미디어 15번을 이용하여 레이백이 아닌 스윙으로 부른 곡

이제 좀 느껴지는가? 위의 미디어 14-15-16을 연속하여 들어보라. 미디어 15에서 들어 보면 리듬을 규칙적이지 않게 뒤로 밀면서 어느 가사는 정박자에, 어느 가사는 조금 뒤로, 또 어떤 가사는 아주 뒤로 가버렸다. 이것이 레이백이다. 그에 반해서 14와 16은 어떤 일정한 비트를 따라간다.

레이백은 사전적 의미처럼 늘어지게 부른다거나 규칙적으로 모든 노트를 미루어도 해당이 된다. 하지만 통상적으로 우리 대중음악계에서의 레이백이란 그루브를 만들기 위해 자유자재로 리듬을 늘리고 뒤로 미루면서 부르는 것을 말한다.

스윙이 규칙적인 리듬이라면 레이백은 상당히 자유분방하다. 그래서 주로 랩퍼들이 이런 레이백을 이용하여 자신만의 그루브를 만들고 이를 마치 자랑이라도 하듯이 뽐내고 있다. 예전에는 랩퍼들이라고 불리는 사람들도 아주 정박의 비트를 타는 것이 일반적이었지만 요즘의 랩퍼(힙합퍼)들은 자신만의 그루브를 만들려는 경향이 뚜렷하다.

저작권 때문에 음원을 싣진 못하지만, 다음의 음원을 유튜브(www.youtube.com)나 각종 음원사이트에서 찾아 들어보자.

① MC Hammer : 2 Legit 2 Quit

② Jay Z : The Blue Print

위의 두 곡을 들어보면 M.C 해머의 곡은 일정한 리듬을 타고 있는 반면 제이지의 랩 비트는 뭔가 규칙성을 가지고 있으면서도 말하는 것 같기도 하고 하여튼 자신만의 리듬을 가지고 음악을 주도하고 있다. 물론 시대도 약간 다르고 제이지는 레이백을 많이 하는 뮤지션으로 알려져 있다.

어느 정도 이해가 되는가? 이해가 된다면 다른 설명 필요 없다.

피나는 연습이다!

레이백의 맛을 어느 정도 느꼈는가?

스윙/ 레이백을 이용해서 리듬을 잘 타면 비브라토, 호흡, 발성이 약할지라도 충분히 음악을 맛있게 표현할 수 있다. 너무나도 중요하다. 발라드를 부를 때도 마찬가지다.

처음에 이야기한 것처럼 온전히 리듬에 포커스를 맞추고 연습하다 보면 어느 순간 아주 맛있게 음악을 연출하는 사람이 되어있을 것이다.

QnA

Q : 리듬을 뒤로 미는 것 말고 오히려 당겨서 부르는 방법은 없나요?

A : 물론 음악에는 정답이 없으니 당겨서 불러도 된다. 하지만 일반적으로 사람들은 기준 리듬 보다 당겨서 부르는 것에 불안감을 느낀다. 정확하게 말하면 스윙과 레이백 역시 어느 음을 기준으로 해서 보느냐에 따라서 당김과 미룸의 성격을 둘 다 가지고 있기는 하다. 일반적으로 리듬을 뒤로 미룸에 대해서는 관용적이지만 앞당기는 것에서는 불편함을 느끼기에 시도가 이루어지지 않았을 것이다. 만약에 누군가가 그런 앞당김으로 멋진 곡을 제작한다면 그는 새로운 음악의 패러다임을 만드는 선구자가 될 수도 있을 것이다.

6. Groove의 필수 : 음의 강약 (Velocity)

어느 날 필자의 후배가 찾아와 이런 질문을 한 적이 있다.

"원곡 자체가 모두 16비트 스트레이트 비트여서 아무런 바운스도 없고 스윙이나 레이백도 없는데 어떻게 하면 그루브하게 들리게 할 수 있을까요?"

이 질문의 대답 속에 노래 또는 연주를 하는 모든 사람을 포함한 뮤지션들(보컬리스트와 연주자, 편곡가 등)이 기본적으로 알아야 하는 아주 중요한 요소가 있다.

'소리의 강약'

스윙도 없고 바운스나 레이백도 없는 어떤 리듬에서 소리의 강약 만으로 강한 그루브를 심어 줄 수 있다.

연주든 보컬이든 소리에 강약이 없다면 그야말로 너무나 지루하고 재미없게 들린다. 다음의 미디어를 들어보자

 미디어 R-17 : 같은 세기의 퍼커션

 미디어 R-18 : 다른 세기의 퍼커션

위의 17의 미디어는 강약 없이 일정하게 정박자로 연주한 퍼커션 소리의 예이다. 마치 알람 같기도 하고 메트로놈 같기도 하면서 지루하게 들린다.

18의 미디어에서는 모든 것을 그대로 유지하면서 강약만을 더했다.

이렇듯 음의 세기만으로도 리듬을 타고 있는 느낌을 줄 수 있다. 솔직히 말하면 이것은 설명할 필요가 없는 당연한 것이다.

하지만 예상외로 이를 간과하는 뮤지션들이 제법 많다. 너무나 당연한 얘기인데 말이다.

 미디어 R-19 : 같은 강약의 보컬

 미디어 R-20 : 다른 강약의 보컬

위에서 들려주었던 퍼커션_{연주자의 팔과 다리, 북채 등으로 두드리고 때리거나, 혹은 흔드는 행위로 소리를 내는 악기를 모두 가리킨다}의 예를 보컬로 해 본 미디어들이다.

아래의 것은 같은 리듬이지만 마치 그루브를 가진 듯 넘실넘실한다. 물론 의도적으로 모두 같은 세기로 연출 할 수도 있다.

보컬의 강약만으로도 그루브한 리듬감을 줄 수 있다.

간혹, 사람들이 리듬에 대해 언급할 때 소리의 박자, 위치, 길이 등으로만 한정 지어 설명하는 경우가 있는데 절대로 소리의 강약을 간과해서는 안 된다.

리듬의 요소 중 약간은 미약한 존재 같아 보이는 소리의 강약이 노래 전체의 느낌을 결정지을 수도 있다.

음의 세기를 볼륨Volume 또는 (데시벨)레벨(Level; 소리의 크기)로 표현할 수 있겠지만 미디 용어에서 쓰이는 벨로써티Velocity의 개념도 이것에 포함될 것이다. 벨로써티Velocity란 사전적인 뜻으로는 속도에 해당한다.

미디 건반을 칠 때 얼마나 건반을 빠르게 누르는가에 따라 소리의 크기와 뉘앙스를 다르게 표현할 수 있다. 쉽게 설명해서 세게 누르면 큰소리, 약하게 누르면 작은 소리로 표현되는 것을 말한다.

감정표현을 넣은 볼륨 조절, 소리 강약은 다음 장에서 다루어진다.

리듬을 단순히 박자의 개념으로 생각하면 안 된다.

리듬은 호흡, 발성과 더불어 아니 그 이상으로 곡의 감정을 만드는 아주 중요한 요소임을 알아야 한다. 모든 부분은 유기적으로 시계처럼 끝이 없이 서로 연관되어 상호작용하게 된다.

활자로 설명하는 한계로 인해 각각의 모든 부분을 나누어 설명하지만, 이것을 분명 명심해두어야 한다. 혼란을 줄지 모르기에 설명하지 않았지만 모든 요소들(호흡, 밴딩, 발성, 리듬, 장단, 강약 등등)은 모두 리듬이자 감정이다.

이해가 어려울 수도 있을 것이다. 고민하면 머리만 아프다. 이 책을 꼼꼼히 정독하고 어느 정도의 휴식 뒤에 다시 이 글을 읽는다면 분명히 "아! 이거였구나~" 하면서 이해가 될 것이다.

음의 길이도 중요한 것을 아는가? 그 이름 하여 장단(長短)!!!

리듬을 살리는 요소 중에서 음의 길이 역시 빼놓을 수 없는 감초이다. 특히 발라드에서는 음의 길이가 길게 늘어지면서 중요한 역할을 하게 되는 경우가 많은데 다른 모든 리듬의 요소와 더불어 길이를 짧게 하거나 길게 하여 듣기 좋은 리듬을 만든다. 리듬챕터에서 설명한 모든 리듬을 연습하고 리듬감을 키웠다면 음의 장단에 접근하는 것도 큰 무리가 되지 않을 것이다.

7. 리듬챕터를 마무리하며...

  지금까지 설명한 리듬을 가슴 속 깊이 기억하자.

  리듬은 발라드같이 느린 장르의 노래를 부를 때에도 아주 중요한 요소이다. 또한, 음의 위치뿐만 아니라 밴딩의 속도, 길이, 비브라토의 빠르기와 위치 등등. 이 모든 것들도 리듬을 이루는 요소가 될 수 있음을 정확하게 이해해야 한다.

  쉽진 않겠지만 리듬이란 것은 박자 안에서 이루어지는 것을 넘어서 온몸으로 연출해야 한다는 것도 알아야 할 것이다. 이 모든 리듬의 요소들은 '감정'과 연결되며 이 요소들을 멋지게 연결하는 것이 센스이고 리듬감이다.

  자신이 리듬을 잘 타던 못 타던 또는 과감하든지 그렇지 못하든지 듣는 이들은 하나만으로 여러분의 실력을 평가하게 될 것이다.

  이 세상 누구도 할 수 없으며 오직 당신 자신만이 표현할 수 있는 '리듬감'이란 것으로 말이다.

  마지막으로 Triplet, Shuffle등의 리듬과 관련된 용어와 규칙이 있지만 다루지는 않겠다. 필자가 언급한 것들만 제대로 활용할 수 있다면 당신은 이미 실력있는 가수이다.

  어쩌면, 어쩌면 말이다. 당신의 미래가 바뀔 수도 있다.

감정표현?!
내 숨소리를 들어봐!

1. 이미지트레이닝 : (Image Training)

1) 감정 이해하기

지금까지 비브라토, 밴딩, 리듬감 등 노래에 감정을 담아 표현해 낼 수
있는 여러 가지 방법과 기술에 대해 이야기 하였다.

이번 챕터 에서는 이 모든 것들을 복합적으로 연출하여 자신만의 노래
를 만들 수 있는 '노래하는 방법'에 대해 알아보겠다.

비브라토나 밴딩, 리듬감 등은 따로 설명하지 않고 넘어가겠으니 해당
하는 것들에 대해 궁금한 점이 있는 경우엔 앞 장들에서 참고하기 바란
다.

먼저 감정표현을 위해서 갖추어야 할 기본 덕목부터 짚어 보겠다.

노래로 사람들에게 혹은 사랑하는 누군가에게 공감을 얻고 그들을 감
동시키고 싶은가?

아마 이것은 음악을 전문적으로 하는 보컬리스트들을 포함해 노래하는

모든 사람이 바라는 것이 아닐까?

그렇다면 노래에 자신이 원하는 감정을 녹아들게 하려면 어떻게 해야 할까?

음정 박자 잘 맞추어 노래만 잘 부르면 될까?

절대 아니다.

특히나 음악을 하는 사람들에게는 식상할 얘기 일지도 모르겠다.

음악의 흐름, 리듬 그리고 다양한 악기와 목소리의 조화가 잘 이루어지고 그것들이 서로 긴밀하게 소통되고 화합되어야 감동을 만들 수 있는 기본적인 준비가 된 것이라고 봐야 할 것이다.

피아니스트가 피아노를 연습할 때를 상상해보자. 오케스트라와의 협연을 준비하는 상황이다. 오케스트라의 연주가 어떻게 펼쳐질지를 완벽하게 상상하면서 피아노 연주를 해야 한다. 오케스트라가 담당해야 할 부분까지 모두 채워버리는 피아노의 연주는 그야말로 여유없고 정신없기 짝이 없다. 또한, 듣는 이들에게 전혀 감동도 줄 수 없다. 절대 그렇게 하면 안 된다.

당연히 보컬리스트도 노래를 이해하고 상상해야 한다.

곡을 노래로 표현할 때 최대한 능력을 발휘하여 가사의 의미를 음미하고 악기의 연주가 어떻게 흘러가는지를 이해하며 어떻게 자신만의 드라마틱한 시나리오를 만들어 가야 할 지를 완벽하게 상상하고 연출해 내야 한다.

이 모든 과정이 이미지 트레이닝이다. 물론, 악기, 편곡, 보컬들이 서로 이해는 했더라도 역량이 부족하여 감동의 선까지 가지 못 하는 경우도 많다. 그건 지금까지 설명한 노래의 모든 요소를 조합하여 연습을 통해 해결해 나가야 할 문제이고 일단은 무조건 기초부터 튼튼히 하자.

'비긴 어게인Begin Again'이라는 영화의 한 장면이다.

주인공인 음악제작자 '댄(마크 러팔로)'이 기타만으로 노래를 부르던 여주인공 '그레타(키이라 나이틀리)'를 보면서 다른 악기들을 조합하여 곡을 완성하는 것을 상상하는 장면이 있다.

그의 상상 속에서 악기들이 스스로 연주를 시작하며 멋진 앙상블을 만들어내는 모습. 이것이 이미지 트레이닝이다.

필자는 이 영화를 보면서 감독(존카니)의 음악적 섬세함에 적잖이 놀랐다. 뮤지션이라면 꼭 봐야 할 영화 중 하나가 아닐까 싶다.

가수도 연기자가 되어야 한다. 발라드의 전설이라고 불리는 가수 '신승훈'은 강연에서 이 말을 자주 한다.

"노래를 부르든, 악기를 연주하든 가장 중요한 것은 항상 이미지 트레이닝을 하는 것이다!"

'이미지 트레이닝'이라는 것은 보컬리스트뿐 아니라 음악을 하는 뮤지션이라면 기본적으로 갖추고 기억해 두어야 하는 사상과도 같은 것이다.

'이미지 트레이닝, 당연한 거 아냐?' 라고 생각할 수도 있겠다. 하지만 희한하게도 많은 보컬리스트가 음정, 박자 등 기술적인 부분에만 목숨 거는 안타까운 상황을 너무나도 많이 보아왔다. 이는 정작 중요한 것을 놓치고 있는 것이다.

공부를 왜 하는지 모르고 달달 외우기만 한다고 되겠는가? 최고가 되고 누군가의 마음을 빼앗고 싶다면 그렇게 해서는 안 된다.

상황, 분위기, 연주와 무대, 듣는 사람의 상태 등등 모든 것들을 상상하면서 자신의 감정을 이입시키고 부르고, 연주하고, 작곡하는 곡과 한 몸이 되어 진심을 담아 표출해 내야 한다.

결론적으로 말하자면 이런 것들을 만들어 내기 위해서 또는 자신이 하려는 어떤 음악에서 최고가 되기 위해서는 모든 음악적 요소와 각 요소 상호간의 연결고리에 대해 누구보다도 깊은 이해와 연구가 필요하다는 것이다.

이해심을 키우기 위해 좋은 방법이 있다.

2) 가사 이해하기

이미지 트레이닝에 영향을 미치는 수많은 요소 중에서 보컬에게 크게 영향을 미치는 것이 있다.

그것은 바로 노랫말, 즉 가사이다!

노래를 연습하고 있는 학생 중에 음악을 이해하고 부르기보다는 그냥 듣고 외운 대로 노래를 부르는 경우가 종종 있다.

오디션 프로그램 등에서 심사위원들이 하는 이런 말을 들어 보았을 것이다.

"노래는 잘 하는데 감동이 없어요."

이해하지 못하고 부르는 노래는 잘 할지는 모르나 감동이 없다.

따라서 사람들의 마음, 심사위원들의 마음을 움직일 수 없다.

노래하기 전에 자신이 부를 노래에 담긴 이야기를 내가 어떻게 받아들이고 어떤 감정으로 전달할 것인지를 정확하게 파악하고 분석해야 한다.

노래를 할때 연주는 어떻게 흘러가고 있는지, 어느 부분을 강조해야 하는지, 가사의 내용을 정확히 파악하고, 곡을 이해하고 노래하는 것과 아닌 것의 차이는 국가대표와 동네축구의 차이다. 이 둘은 비교 자체를 할수가 없다.

가사 속에서 이야기를 하는 사람의 마음이 어떤 상태인지, 수많은 단어 중에서 이 단어를 선택해서 말하는 이유는 무엇인지, 그 말은 누구에게 하는 것인지, 그 말을 듣는 사람은 어떤 상태인지 등등 모든 것을 알아야만 정확하게 감정을 전달할 수 있으며 듣는 사람이 감동을 받게 할 수 있다.

또한, 그 이야기가 노래를 부르는 사람의 머릿속에서, 가슴 속에서 그려져야만 한다.

앞서 이야기했지만 가르치다 보면 보컬리스트가 가사를 이해하지 못하고 부르는 경우가 의외로 많다. 예를 들어 "이 노래는 어떤 노래일까?"라고 물어보면 많은 학생이 "음…. 사랑하는 사람을 떠나보내고 슬퍼하는 내용이네요."라는 식으로 전체적인 내용을 뭉뚱그려 이야기한다. 물론 맞는 말이다. 하지만 이것은 잘못된 이미지 트레이닝이다.

전체적인 느낌이 아닌 단어 하나하나의 의미와 이야기의 연결, 그것을 전달하는 매개체 등 그 노래를 둘러싸고 있는 모든 상황을 이해해야 한다.

어떤 하루를 보냈는지 물어본다면 당신은 어떻게 대답하겠는가? 절대 단답형으로 대답하지 마라. 하루의 상황을 하나하나 머릿속에서 떠올리면서 세밀하게 생각하고 표현하는 습관을 지니길 바란다. 이미지 트레이닝에 큰 도움이 될 것이다.

진정 당신의 이야기를 하는 것! 더 나아가 가사 속의 주인공으로 완벽하게 빙의하는 것! 이미지 트레이닝은 더욱 좋은 감정을 만들어 줄 것이다.

가장 기본적인 감정의 표현은 노래를 둘러싸고 있는 모든 상황을 이해하였을 때 가능하다는 것. 이것이 당신의 멋지고도 멋진 감정표현을 가능하게 만들 것이다. 보컬리스트를 포함한 모든 뮤지션들은 절대로 이미지 트레이닝을 게을리해서는 안 된다. 이것을 기본으로 지켜나가면서 지금부터 구체적인 감정표현의 요소에 대해 알아보도록 하자.

3) 감정을 만들어 내는 요소들

이 챕터의 처음에 언급하였듯이 감정은 지금까지 알아보았던 여러 가지 리듬과 비브라토, 밴딩 등등 그 모든 요소를 복합적으로 응용하여 만들어내는 것이기에 결코 그 어느 하나를 따로 두고 생각할 수 없다.

여기에 추가하여 감정 요소를 만들어내는 흥미로운 몇 가지를 더 알아보겠다. 이 역시 아주 재미있는 이야기가 될 것이다.

2. 호흡

소싯적에 연기에 대한 로망으로 연기를 배운 적이 있었다. 깊지도 길지도 않았지만, 그 짧은 배움이 나에겐 큰 깨달음을 주었다.

첫 연기 수업에서였다.

당시에 나에게 주어진 과제는 대사 없이 표정과 몸짓만을 이용해서 격하지 않고 담담하게 슬픔을 표현하라는 것이었다.

"아이고~ 말도 하지 않고 어떻게 표현해야 하지?"

막막하고 어려웠다. 하지만 어떻게든 해내야 하기에 일단 상황에 집중하고 파트너와 눈빛으로 대화를 나누기 시작했다.

얼마의 시간이 흐르고 놀라운 일이 일어났다. 의도하지도 않았는데 몸이 알아서 반응하게 된 것이다.

호흡이 아주 천천히 느리게 움직이다가 가늘게 떨리기도 했으며 턱 끝까지 올라오는 호흡을 격해지지 않도록 누르기도 했다. 몸의 움직임과 얼굴의 표정도 호흡의 이동에 따라서 자연스럽게 따라왔다. 첫 연기였지만 선생님께 좋은 평가를 받을 수 있었고 '호흡에 의한 감정표현이 이런 것이구나!' 하는 것을 조금이나마 알 수 있게 되었다.

소위 말하는 '발연기'는 호흡과 표정의 변화도 없을뿐더러 그러다 보니 대사 또한 일정한 톤으로 나오게 되고, 하여튼 감정이 부족한 연기이다.

노래도 마찬가지다. 변화 없이 일정하게 부르게 된다면 영혼 없는 '발노래'가 될 것이다.

미디어 E-01 : '안녕'을 다른 호흡으로 말하는 예제

이번에 필자가 할 이야기는 숨소리(호흡)다.

'기쁘다.', '슬프다.', '사랑한다.', '화가 난다.' 등은 인간의 가장 기본적인 감정들이다. 각각의 감정에 따라 숨을 어떻게 쉬고 있는지. 다른 숨으로 말을 하면 어떤 목소리가 나오게 되는지 등등. 생각해 본 적이 있는가? 재미있는 사실은 호흡과 관련된 이런 것들을 신경 쓰지 않아도 그때그때의 감정에 따라 몸이 알아서 반응하여 호흡이 변한다는 것이다.

자연스럽게 느껴지는 감정 속에서 일어나는 몸의 변화를 주의 깊게 바라본 적이 없기 때문에, 신경 쓰지 않았기 때문에 알아채지 못했을 것이다. 사실 호흡이라는 것에 대해 하나하나 신경 쓴다는 것 자체가 아주 힘들 것이다.

하지만 자신이 노래하는 사람이고 노래로 연기를 해야 하는 사람이라면, 단순히 노래를 진심으로 이해하고 부르고 싶다는 마음만이라도 있다면 호흡에 대해 자세히 살펴볼 필요가 있다.

감정에 따라서 몸의 상태가 변하고 호흡도 다르게 된다는 것 정도는 알아야 하며 상대가 굳이 말을 하지 않더라도 호흡 소리만 듣고도 어떤 감정일지 정도는 예측할 수 있어야 한다.

이렇듯 감정표현 요소의 첫 번째라고 할 수 있는 것이 바로 '호흡! 숨소리!'이다.

3. 들숨과 날숨

노래가 주는 이야기를 이해하고 진심 가득한 마음은 갖추었다.

그럼 이제 감정표현을 잘 할 수 있을까? 그렇지 않다는 것은 독자들 모두 알 것이다.

진심 가득한 마음에 멜로디를 실어 감동을 주는 노래로 표현하기 위해서는 여러 가지 테크닉이 필요하다. 그 중 첫 번째 관문이 위에 설명한 '숨소리'이다. 지금부터 자신의 '숨소리'에 집중해보자.

호흡에는 들숨과 날숨이 있다. 감정을 만들 때 정말 중요한 요소이다.

이 두 가지 호흡으로도 충분히 감정을 만들어 낼 수 있다. 그냥 단순히 뱉고 마시는 개념이 아니다.

호흡의 종류와 소리의 조절을 통해 감정을 만드는 것이다.

길게 들이마실 것인지, 짧고 가볍게 마실 것인지, 거칠게 마실 것인지. 뱉을 때는 숨을 강하게 뱉을 것인지, 여리게 뱉을 것인지, 거칠게 뱉을 것인지 등등 이런 여러 가지 방법들로 노래의 감정을 만들어 낸다.

노래할 때 숨을 들이마시는 것과 내뱉는 것은 누구나 당연하게 하는 행동으로만 생각하고 그 중요성을 간과하고 있는 경우가 많다.

필자 또한 숨소리의 미학을 알지 못했을 땐 들숨은 단지 소리를 내기 위해 마시는 숨이었을 뿐이었고, 멋들어진 비브라토를 성공해냈지만 뭔가 축 처지는 느낌이 들 때가 많았다. 왜 그런지는 생각지도 못했고 의문이 들었을 때도 무엇이 문제인지 알 수도 없었다.

미디어 E-02 : 발라드 들숨 날숨 없는 예제

 미디어 E-03 : 발라드 들숨 날숨 많이 넣은 예제

먼저, 숨소리의 미학에 대해 미디어를 통해 느껴보자.

어떤가? 차이가 느껴지는가?

E-03의 경우 목소리 톤의 변화도 곁들어져 있기에 이런 감정의 표현은 극대화된다. 물론 여기에서 초점을 맞추어야 하는 것은 노래를 부르는 사람의 들이마시고 내뱉는 숨소리이다.

이처럼 호흡만 달라져도 감정이 아주 다르게 느껴진다. 물론 이런 여러 가지 호흡 방법을 이용해서 더욱 다양한 표현도 할 수 있다.

 미디어 E-04 : 발라드 들숨 날숨 지나치게, 톤의 변화(에어톤)

호흡을 컨트롤 할 수 있다는 것은 쉬운 것이 아니다. 하지만 알고 있는 것과 모르고 있는 것은 그것만으로도 엄청난 차이가 있다.

들숨과 날숨은 여러 가지 종류로 나누어 볼 수 있는데, 어떤 종류들이 있는지 알아보자.

- 일반적인 들숨

우리가 생각하는 편안한 상태에서의 들이마시는 숨을 말한다.

이것을 길게 할 수도 있고 짧게 할 수도 있으며 때로는 이 숨소리를 아주 작게 하여 의도적으로 숨소리가 나지 않게 연출 할 수도 있다.

편안한 상태의 들숨이지만 없으면 허전해지는 경우도 있으며 자연스러운 호흡으로 만드는 들숨 때문에 크나큰 감정의 변화를 표현해내지 못하는 경우도 많다. 또한, 이런 숨소리는 그 길이와 위치에 따라서 음악의 리듬에도 영향을 미친다.

 미디어 E-05 : 길이감이 없는 들숨

 미디어 E-06 : 숨의 위치와 길이가 다른 예제

 미디어 E-07 : 06번과 다른 위치의 들숨

위 미디어 06번과 07번을 비교해보면 숨의 위치와 길이에 따라 리듬과 감정에 얼마나 영향을 미치며 각기 다른 감정을 형성해 내는지를 느껴볼 수 있다.

참고로 E-06 미디어를 분석해보면 총 여섯 번의 '안녕' 중에서

1. 처음 것은 길게 마시면서 감정과 리듬에 여유를 두었고
2. 두 번째에는 들숨의 소리를 절제하여 거의 들리지 않게 하였다.
3. 세 번째는 빨리 들이마시고 약간의 텀을 두어서 급한 느낌의 리듬과 머뭇거리는 듯한, 마치 고민을 하는 듯한 감정을 연출한다.

4. 네 번째는 보편적인 들숨

5. 다섯 번째에서는 빨리 들이마시지만 '안녕'과 거의 붙어있고 소리
   자체를 약하게 절제하였다. 다소 어수선하다.

6. 마지막은 세 번째와 같은 식으로 연출하였는데 들숨의 소리가 조금
   짧고 강하며 목소리에 살짝이 변화를 주어 묘한 바운스와 강한 연출
   을 하는 데 도움을 주었다.

짧은 숨소리 또는 뒤에 연결되어 급하게 쉬는 들숨의 경우 조금 더 강
조한다거나 격정적인 감정을 표현하는 데 도움을 줄 수 있다.

E-07에서는 또 다른 소리와 속도의 들숨으로 불러놓은 예제이니 스스
로 분석해보는 것도 좋을 것이다.

- 크레센도와 디크레센도 들숨

 ### 미디어 E-08 : 크레센도, 디크레센도 들숨

느껴졌는가? 미디어에서와같이 크레센도는 의도적으로 숨소리를 작
게 시작하여 크게 연출하는 방법이다. 분명히 이 뒤에 나올 보컬은 무엇
인가 감정적으로 폭발을 시킨다거나 격정적인 표현을 할 것 같은 기대를
하게 만든다.

디크레센도는 처음 부분부터 거친 숨을 쉬므로 이전에 불렀던 부분이
상당히 격정적이었음을 표현해 주기도 하며 그 뒤에 감정을 절제한다거

나 또는 연이어 폭발하는 감정을 모두 연출 할 수 있을 것이다.

이런 호흡은 의도적으로 연출 할 수도 있지만, 평상시 자신의 습관이기도 하다.

예전에, 그룹 슈퍼쥬니어의 멤버 중 한 명인 '규현'의 솔로 앨범 준비를 위해서 보컬녹음을 한 적이 있었다. 목소리의 감정과 톤, 더할 나위 없이 훌륭했다. 아이돌이라는 고정적인 시각, 편견을 뭉개버릴 만큼 뛰어난 실력파 보컬리스트이며 진정한 프로였다.

헌데, 한 가지 특이한 점이 있었다. 그의 들숨은 습관적인 디크레센도 들숨이 많았다. 호흡을 일순간에 빨리 들이마시고 노래 부를 준비하는 듯한 느낌….

이런 호흡이 음의 시작 부분에서 자주 연출되니 감정의 변화에 방해가 되는 부분이 있었던 것이다.

결국, 그가 다른 종류의 호흡을 할 때 그 소리들을 녹음하여 그 호흡소리로 다른 감정이 필요한 부분에 연결해 감정을 연출해내는 방법을 썼던 기억이 있다.

이처럼 호흡 소리만으로도 다양한 감정 연출이 가능하기에 의도적으로 호흡 방법을 선택하고 연습할 필요가 있다.

- 하이엣지 들숨(Hi-Edge Accent Inhaling)

보통의 일반적인 들숨보다 고음의 소리 또는 디스토션*을 내어 형성하는 들숨이다.

---

* 디스토션[Distortion] : 찌그러진 소리. 거칠거나 갈라지며 다소 노이즈 섞인 일그러진 소리.

미디어 E-09 : 하이엣지 들숨

들이마시는 호흡 소리와 더불어 성대를 떨어서 하이 프리퀀시의 소리를 곁들이는 방법이다. 자신만의 개성이 표현될 수도 있지만 지나친 이용은 돌이킬 수 없는 비호감이 될 수도 있으니 주의하기 바란다.

이를 이용하여 짧게, 더욱 엣지Edge있게 연출하는 경우도 있다.

리드미컬한 곡에 연출하면 예상외로 재미있는 리듬과 감정을 만들 수도 있다. 마치 마이클 잭슨처럼!

이 들숨은 그 뒤에 나올 노래가 감정에 상당히 치우쳐져 있음을 표현할 수 있다. 성량이 크지 않고 절제하는 스타일의 보이스라 할지라도 숨소리 하나만으로 감정에 깊이 몰입하면서 노래를 부르고 있다는 연출이 가능한 것이다.

- 크라잉 들숨(Crying Inhaling:또는 Tremolo Inhaling)

자주 사용하지는 않겠지만 매우 슬픈 표현을 할 때 연출 할 수 있는 들숨의 종류이다. 숨을 들이마시면서 살짝 트레몰로를 곁들여 매우 깊은 절망, 슬픔을 표현할 수 있다.

이 숨소리 하나만으로 보컬리스트가 얼마나 딥deep한 감정에 빠져있는지 느낄 수 있다. 뭐든 그렇겠지만 지나친 이용은 자신의 감정이 가벼워보일 수도 있으며 듣는 사람들에게 거북한 부담감을 줄 수도 있다는 것을 명심하자. 아래는 극적인 비교를 위해 지나칠 정도의 톤으로 들숨을 하였다. 보컬리스트에게 박수를!

미디어 E-10 : 크라잉 들숨

- 부드러운 공기로 하는 날숨(Soft-Airy Exhalation)

이번에는 날숨이다. 일반적으로 노래 단락의 끝은 비교적 평범하게 끝나는 경우가 많지만, 끝에 의도적으로 숨소리를 추가함으로써 감정적 표현에 도움을 주게 되는데 이 날숨은 그 표현 중 하나이다.

과하지 않고 부드럽게 퍼지는 공기 소리를 냄으로써 아련하다는 듯한 감정을 표현해 내는데 용이하다.

 ## 미디어 E-11 : 부드러운 날숨

미디어 E-11에서 들이마시는 숨소리보다 노래를 부르고 끝에 나오는 공기 소리를 들어보자.

이런 날숨을 열심히 연습하여 적절하게 응용한다면 상당히 매력적이면서도 섹시한 보컬을 연출해내는 것에 한몫할 수 있다. 호흡할 때 나는 공기 소리는 사람의 감각을 자극하게 되는데, 생각보다 큰 역할을 한다. 예전에 이런 부드러운 날숨을 어느 가수에게 요청한 적이 있었는데 그는 희한하게 이 날숨을 연출해내지 못했다. 그가 했던 날숨이 다음과 같았다.

미디어 E-12 : 날숨이 어색하게 분리되는 예제

미디어에서 들어보면 첫 번째 날숨은 자연스럽게 보컬에 연결되지만 두 번째 나오는 날숨은 어색하게 분리되어 나옴을 들을 수 있다.

이 날숨 역시 연습하지 않고 컨트롤 하지 못하여 필요한 부분에서 표현해내지 못한다면 어색한 보컬 연출이 될 뿐만 아니라 더욱 다양한 감정을 표현하는 데 방해가 될 수 있다.

좋은 보컬이 되기 위해서 이런 날숨도 연습해서 자기 것으로 만들 수 있기를 바란다.

- 짧고 강한 날숨(Break-Edge Exhalation)

강하고 짧게 숨을 뱉어 상당히 강한 느낌으로 보컬 연출에 도움을 주는 날숨이다.

 미디어 E-13 : 짧고 강한 날숨

비교적 강한 감정을 끝까지 가지고 가다가 마무리 즈음 그 감정의 여운을 아주 드라마틱하게 만들고자 할 때 연출한다. 물론 이런 날숨은 댄스음악이나 락음악과 같이 멜로디가 강한 강렬한 음악에서도 종종 들을 수 있는 호흡 소리이다.

이 호흡은 한 번에 아주 강한 날숨을 만들어 내면서 격한 감정을 일단 락시키거나 연장한다. 이 뒤에 연결되는 들숨에 따라서 그 감정의 기승

전결은 너무나도 확연히 달라진다. 특히, 댄스음악 등 그루브 하거나 리듬이 중요시되는 음악에서 이 날숨의 컬러와 위치는 그 음악의 리듬에 아주 중요한 영향을 미친다.

– 딥 밴드다운(Deep Bend-down Exhalation)

날숨을 하면서 그 호흡과 공기 소리를 저음으로 내리면서 깊은 소리를 연출해내는 날숨이다.

 미디어 E-14 : 딥 밴드다운

위에서 설명한 브레이크 엣지 날숨에 비해서 상당히 깊은 숨소리를 연출함으로써 남성다움과 절실함을 표현하기에 용이하다. 깊은 숨소리이므로 절제된 듯한 감정이나 덤덤함 같은 느낌을 표현하기에도 적절한 날숨이라 하겠다.

이런 날숨의 대표적인 보컬이 가수 '김동률'이다. 천부적인 중저음의 매력적인 남성적 보이스에 이런 날숨소리를 더해 여성들의 귀를 즐겁게 해주며, 자칫 잘못하면 딱딱하게 들릴 수 있는 classical 한 창법에 매력과 감정을 더 해주어서 더할 나위 없이 멋진 보이스 연출을 표현해낸다. 그래서인지 '김동률'을 모창할 때 자주 나오는 이 날숨은 그의 트레이드 마크로 자리 잡았다. 그러므로 이 역시 자신만의 것으로 만들 수 있다면 엄청난 무기가 될 것이다.

– 하이해머 크라이 (High-Hammer Crying Exhalation)

때로는 크랜베리Cranberries 창법이라고도 한다.

그룹 The Cranberries의 메인보컬이 이런 뒤집어지는 소리 연출을 많이 했기 때문이다.

 미디어 E-15 : 하이해머 크라이

끝의 날숨을 고음으로 올려서 마무리하는 예제이다. 위의 딥 밴드다운과는 반대로 상당히 여성적인 분위기를 연출하고자 할 때 용이한 날숨이라 하겠다. 물론 이런 날숨은 흐느낌이나 감정의 격정적임을 표현할 때 연출할 수도 있다.

여성들이 이 날숨으로 연출 할 경우 상당히 섹스어필할 수 있는 소리이기도 하지만 적절한 사용이 필요하다. 물론 이를 요들송과 같은 독특한 창법으로 이용하는 경우도 있지만 뭐든 적절해야 좋다.

가수 '이승환'의 경우 그의 노래에서 끝에 이런 날숨을 연출하는 경우가 많은데, 그것이 그의 아주 개성 있는 보컬로 유명해졌다.

이것은 꼭 노랫말의 어미에 강하게만 붙어서 연출되는 것이 아니다. 곡의 중간 중간이라도 적절하게 사용한다면 더욱 다이나믹한 감정을 연출하는데 크게 도움이 되기도 한다.

미디어 E-16 : 크린베리를 이용한 예

위의 미디어에서처럼 대놓고 드러나는 하이해머 크라이가 아니더라도 적절하게 음악의 재미와 감정을 고조시키는 역할로 많이 쓰인다.

가수가 노래의 감정을 완벽하게 소화해 내기가 어려운 경우가 가끔 있는데 그런 경우, 녹음할 때 이런 창법을 의도적으로 주문할 때도 있다. 그러면 확실히 없던 감정도 있어 보이고 곡이 더욱 다이나믹해 지기도 한다.

4. 비브라토로 울려버리기

호흡을 이래저래 넣어봤는데도 뭔가 밋밋하고 이상하다.

들숨 날숨이면 된다며?! 어떻게 된 일인가….

더욱 섬세한 감정표현을 위해서 필요한 또 다른 요소는 비브라토와 볼륨조절이다.

보통 비브라토라 함은 끝 음에만 한다고 생각하는 경우가 많을 것이다. 하지만 이 책을 지금까지 정독한 독자라면 잘못된 것이라는 것을 알고 있을 것이다.

지나가는 짧은 음들에 비브라토를 넣는 숏텀패스Short Term Pass로도 노래의 감정이 더욱 살아날 수 있다는 것은 이미 비브라토 장에서 말한 적이 있다. 숏텀 뿐만 아니라 다양한 비브라토와 톤을 섞어서 더욱 다양하고 극대화된 감정 표현을 할 수 있다.

복습하는 마음으로 비브라토를 이용하여 감정을 만드는 것을 다시 한 번 느껴보길 바란다.

 미디어 E-17 : 감정-비브라토 없는 것

 미디어 E-18 : 감정-비브라토 있는 것

비브라토에 관한 것은 비브라토 파트에서 자세하게 설명을 했으니 이 정도에서 넘어가겠다.

5. 소리의 다이나믹 볼륨조절

다음은 볼륨조절! 쉽게 이야기하면 강약이다.

학창시절, 음악 시간에 '강약 중강 약'이라는 강약조절은 이 책을 읽는 모든 독자는 배웠던 경험이 있을 것이다. 동요에서조차도 강약을 조절하는데 심지어 대중음악에서 강약조절을 하지 않는다면?….

 미디어 E-19 : 감정 일정한 볼륨

 미디어 E-20 : 감정 볼륨의 변화

이것 역시 들어보도록 하자!

같은 크기의 볼륨으로 부르는 경우 어떻게 들리는가?

리듬도 제대로 살아나지 않고 상당히 밋밋하게 들린다. 이렇게 같은 멜로디가 반복되는 노래의 경우 볼륨 조절을 해주면 더욱 효과적이다.

강하게 불러야 하는 부분이라고 해서 강하게만 부르면 듣기 싫어질 수 있다. 심지어는 소리만 지른다는 느낌을 줄 수도 있다.

이런 볼륨 조절 시에 필연적으로 따라오는 것이 있으니
그것은 '톤'이라는 것이다.

볼륨을 작게 하여 소리를 단순히 작게만 하는 것 보다 톤의 변화를 곁들이는 것이 효과적이다. 이것을 이해하기 편하게 볼륨 조절이라 얘기하였지만 조금 더 정확히 표현하자면 '벨로써티velocity'가 더욱 맞는 표현이다. 다른 장에서도 설명한 적이 있지만, 이것은 속도의 개념인데 컴퓨터 음악인 미디MIDI 상에서 사용되는 용어이기도 하다.

건반을 얼마만큼의 속도로 치는가에 따라 악기의 소리가 다르게 들리는 현상을 벨로써티라고 부른다. 예들 들어 스네어드럼Snare Drum을 칠 때 약하게 쳐보고 강하게도 쳐보면 약하게 친소리가 강하게 친소리에 비해 볼륨만 작아지는 것이 아니다. 매우 다른 소리가 난다.

링 소리와 통 소리와 모든 것들이 이루어져 다른 소리가 난다는 것을 느껴야 한다. 그래서 컴퓨터용 미디 드럼 악기의 경우 이런 벨로써티에 따라서 약한 소리, 중간소리, 강한소리를 모두 샘플링하여 들려주는 경우도 많다. 그렇게 세분화됨에 따라 리얼리티와 노래의 분위기가 달라질 수 있다.

　정리하여 얘기하면 강약에 따라서 볼륨의 차이뿐 만이 아니라 소리까지 다른 소리가 난다는 것! 명심하길 바란다. 보컬의 경우도 그런 소리의 볼륨, 강약에 따른 보이스의 변화가 동반되면 더욱 효과적이다.

Conclusion

1　2　3

이제 되었다 . 쉬어라!

무대를 찾아 떠나자!

같이 놀자! 놀면서 앞서가자!

스마트폰으로 QR코드를 찍어보세요!

스마트폰으로 QR를 찍으면 영상은 유튜브에서
음원은 블로그에서 무료로 이용하실 수 있습니다.

블로그

유튜브

같이 놀자!
놀면서 앞서가자!

노는데 앞서간다고? 이게 무슨 소릴까?

앞서 말한 영화 '비긴 어게인Begin Again'을 보면 남녀주인공이 함께 시내의 곳곳을 돌아다니면서 재미있고 자유롭게 음악을 만들고 연주하는 모습이 나온다. 멋지고 아름답다.

음악이라는 것은 한정된 공간과 시간, 딱딱한 분위기에서 암기과목 공부하듯이 접근한다고 완성되는 것이 아니다.

음악적 감수성과 느낌을 가지기 위해서는 존재하는 소리와 상상할 수 있는 모든 소리의 관계를 자연스럽고 섬세하게 느낄 수 있어야 한다. 그런 오감을 자극하기 위해 산으로, 바다로, 들로, 도시로, 어디든 보고 느낄 수 있는 곳으로 가서 그것들과 호흡해야 한다.

필자가 말하는 논다는 것의 의미를 알겠는가?

공간과 시간을 찾아서 그들이 외쳐대는 소리와 그들이 뿜어내는 숨결을 느끼고 음악과 함께 호흡하는 것을 말한다. 같이 하모니를 쌓고 리듬 연습도 하고, 때로는 춤도 추고, 잼 연주나 합주를 하기도 하고, 다른 이의 공연을 감상하기도 하고, 가능하다면 자신이 직접 무대에 서보기도 하는 것 말이다.

물론, 영화 '비긴 어게인Begin Again'에서는 다소 지나치게 낭만적이고 긍정적인 모습으로 묘사된 부분도 있다. 그들처럼 지하철이나 건물 옥상에서 무단 연주를 했다가는…. 음. 상상에 맡기겠다.

영화 속의 멋진 장면처럼은 아니지만, 우리도 평소에 이런 분위기를 연출해낼 수 있어야 한다. 학교에서, 학원에서, 집에서, 거리에서, 가능한 모든 공간에서….

이 얼마나 좋은가! 음악을 직업으로 한다는 것.

직업까지는 아니더라도 자신만의 음악을 한다는 것.

보컬이나 연주, 곡을 쓴다는 것은 틀에 박힌 공간에서 뛰쳐나와 즐겁게 웃으면서 소리 내고 움직이고 느끼고 함께 호흡하는 것이 더욱 중요하다!

필자가 말하는 즐긴다는 것의 핵심은 첫째로, 음악적 자존감을 키우자는 것과 둘째로, 자기 연습의 시간을 갖자는 것이다.

수많은 경험과 자극으로 주변을 이해하고 해석해 나가는 것은 자신의 갈고 닦음이 없으면 아무 소용이 없다.

이 책에서 지금까지 필자가 언급했던 기술, 정보, 기타 음악적 지식 등등. 이런 것들을 단순히 읽고만 끝내버린다면 당신에겐 아무것도 남지 않게 될 것이며 또한 아무런 의미도 되지 못할 것이다.

스스로가 자신의 것으로 만들어야 하며 그러기 위해서는 자신에게 투자하는 연습시간이야말로 온전히 자기 것으로 만드는 가장 유익한 방법이며 자신의 음악성을 키울 수 있는 초석이 될 것이며 기회가 될 것이다.

마지막까지 최선을 다하겠다. 유익하게 놀 수 있는 방법까지 알려주겠다. 물론 지금까지 수도 없이 언급했듯이 필자가 말하는 방법만이 정답은 아니다. 음악이기에.

자신이 스스로에게 맞는 노는 방법을 찾아야 한다.

자, 그렇다면 과연 어떻게 놀면서 즐길 것인가?

단순히 음악을 즐겨 듣고 따라 부르는 것 같은 즐김은 이야기하지 않을 것이다. 왜냐? 너무 당연한 것이니까!

1. 앙상블을 위해서라면 어디라도 달려간다!

앙상블^{Emsemble}은 두 사람 이상이 모여서 합주 등을 하는 것을 말한다. 혼자서 하는 음악도 좋지만, 같이 모여서 하는 음악 안에서 자신이 알지 못했던 음악의 재미와 매력을 느끼게 될 수도 있으며 본인의 실력을 키우는 데도 도움이 많이 된다.

앙상블 인원이 많다고 좋은 것은 절대 아니다. 두 명만 모여도 충분히 재미있고 열정적인 앙상블을 할 수 있다. 같은 곡을 함께 불러도 좋고 돌림으로 불러도 좋고, 화성을 쌓아도 좋다. 같이 앙상블 하는 친구가 노래가 아닌 악기를 연주하거나 미디 등을 해도 좋다.

'음악'이라는 공감대로 함께 소통하고 느끼고 있다는 것이 중요하다.

이렇게 생각하는 독자들도 있을 것이다.
'나는 혼자서 해야 음악을 더 잘 할 수 있다.'
물론 그 말도 맞다. 하지만 세상과 소통을 하지 못하는 '우물 안 개구리'식의 음악은 매우 위험할 수 있다.

대중음악은 사람들 사이의 소통이며 공감이며 삶이다.

대중음악을 하는 우리네들은 타인과 소통하며 공감하고, 더 깊은 곳의 감성을 자극하기 위해 동료를 만들어야 하는 것이다. 최소한 그래야만 음악을 더 감성적으로 이해할 수 있게 된다.

앙상블의 중요성은 아무리 강조해도 부족함이 없다. 반주 음악MR; Inst을 듣고 연습하는 것도 좋지만 기회가 된다면 연주자들과 같은 공간에서 함께 앙상블을 한다면 더욱 좋다.

앙상블을 위해서 비교적 쉽게 접근할 수 있는 방법은 동호회(동아리)나 학교, 학원에 지원해 보는 것이다. 인터넷이나 주변에서 보컬이나 음악을 하는 모임들을 어렵지 않게 찾을 수가 있다.

본인이 아무리 귀찮고 내성적인 성격이라 해도 발걸음을 뗄 수 있는 용기만큼은 있어야 한다. 아무런 시도 없이 미루기만 하면 절대로 변화는 없다. 이 글을 읽고 동감하는 사람들은 당장이라도 일어나서 실천하길 바란다.

동호회(동아리), 학교, 학원을 선택할 때는 신중하고 꼼꼼하게 선택해야 한다. 간단히 세 곳의 장단점에 대해 적어보겠다.

먼저 동아리다.

동아리의 단점으로는 잘못된 곳을 선택하면 음악적으로 전혀 도움도 되지 않을뿐더러 오히려 악영향까지 끼치는 친구들을 사귀게 될 수도 있다는 점이다. 앙상블을 위해 선택한 동아리에서 분위기에 어울려 술이나 마시고 좋지 않은 행동을 하게 되는 경우가 있다.

장점으로는 좋은 동료들을 만난다면 그 어느 조직의 동료들보다 끈끈해질 수가 있고 감성(음악)적으로도 큰 성장을 할 수 있다는 것이다. 또한, 경제적인 부담도 많이 줄일 수 있다.

학교는 대부분 콘서바토리 또는 실용음악 중고등학교 및 대학교를 말하는 것인데 사실, 한국 실용음악 분야의 특성상 혼자 잘한다고 해서 수월하게 입학할 수 있는 환경이 되지 못한다. 어떤 친구는 실력은 없지만 입시 곡만 우연히 선택을 잘해서 잘 들어가기도 하고, 진정한 실력자 임에도 불구하고 선발기준이 독특해서 떨어지는 친구들도 있다.

학교에 가게 되면 더욱 적극적인 기회들도 많지만, 그에 따른 등록금도 무시할 수 없다. 또한, 비싼 등록금에 비하여 겉만 멀쩡하고 속은 텅 빈 엉터리 실용음악학과도 있다는 것을 꼭 유의하자.

학원은 학교보다는 저렴하고 동아리보다는 안정적이라는데 장점이 있다. 또한 학교를 가기 위해서 대부분 학원을 다니는 경우가 많아서 다양한 정보를 공유하고 배울 수 있다는 점 등등 이래저래 장점이 있다.

하지만 학교와 마찬가지로 많은 실용음악학들이 우후죽순으로 생겨났기 때문에 학원 간의 편차가 너무 심하다는 것이다. 심지어 사기꾼 같은 곳도 있다.

학원을 선택할 때 중요한 점으로 보컬 앙상블 수업이 있는지와 동기부여를 잘 시키는지를 꼭 살펴보아야 한다. 대부분의 보컬 수업은 1:1로 이루어지며 일방적으로 선생님이 설명하는 경우가 종종 있는데 이런 경우에도 자신의 것만 강요하는 선생님보다는 학생의 특성을 발견하고 계발하며 동기부여를 시켜주어 연습을 유도해내는 선생님이 좋다.

마지막으로 하고 싶은 말이 있다.

혹시나 경제적인 이유로 학원이나 학교에 가지 못하고 한탄하는 사람들이 있다면 잊지 말자. 좋은 동료와 좋은 선생님으로도 역사에 남을 만한 훌륭한 음악가는 얼마든지 나타날 수 있다.

진정 중요한 것은 당신의 열정이며 마음이다. 항상, 음악을 옆에 두고 끊임없이 그것을 찾아 움직여라.

2. 하모니만 부르는 미치광이

하모니. 어떻게 보면 이것은 일종의 버릇 중에 하나다. 쉽게 해내는 사람도 있고 아무리 연습해도 어려움을 호소하는 사람도 있다.

하모니란 단순히 말해서 노래를 하거나 앙상블을 하게 되었을 때 노래의 메인 멜로디에 화성을 쌓는 것을 말한다. 친구들과 노래방을 갔을 때 간혹, 하모니를 하는 친구들이 있지 않은가? 하모니를 만드는 것은 자신이 그린 음계 안에서 자신의 목소리를 듣게 되므로 상대음감 연습에 큰 도움이 된다.

드라마 등에서 '절대음감'이 좋은 사람을 천재적인 모습으로 묘사하는 경우를 더러 보는데 솔직히 말하면 절대음감보다 훨씬 효율적이고 전투적이며 천재성을 나타내어 주는 것은 '상대음감'이다.

간혹, 절대음감이 상대음감을 방해하여 힘들어하는 사람들이 있다. 하지만 반대로 상대음감은 절대음감을 방해하지 않는다.

또한, 타고난 상대음감과 꾸준한 연습을 통해 이룩한 후천적 상대음감을 겸비한 사람들도 있다. 많진 않지만…. 그들은 저자가 보기에도 완전 부럽다. 하지만 반복과 연습을 통한 후천적 상대음감만으로도 충분히 행복해도 괜찮다.

그렇다면 과연 상대음감이 노래하는데 도움이 될까?

이것에 대해 당장 정의를 내려주겠다.

"완전 그렇다."

법칙은 아니지만, 노래를 하는 사람이라면 그 누구도 거부할 수 없는 사실일 것이다. 노래에 감정을 깊게 담고 기교 있게 잘 부르는 기술과는 사뭇 다르지만 하모니를 연습하는 습관은 음악을 더욱 재미있게 하여주고 더 나아가 창의적인 자기만의 스타일을 발전시키는 데 제법 큰 역할을 한다.

의심스럽다면 하모니를 만드는데 1년만 미쳐보기를 바란다. 만약 그 뒤에 이것이 불필요한 일이라고 생각된다면 필자에게 연락주시라. 필자가 직접 보컬 지도를 하고 당신이 가수가 될 수 있도록 최선을 다하겠다.

다만 한 가지! 하모니를 만드는 것을 기가 막히게 잘 할 필요는 없다. 너무 훌륭하게 하모니를 만들라는 것이 아니고 하모니를 만드는 습관이 중요하다는 것을 말하는 것이다.

하모니를 쌓음으로 상대음감이 향상된다는 것도 좋으며 창의적으로 음악에 접근하는 데 도움이 된다는 것 또한 아주 강점이다.

당연한 이야기지만 남들이 하는 것만 하는 것은 자신을 더욱 크게 발전시키는 데 도움이 되지 않는다.

무대 위에 서라!
성격도 바꿀 수 있다!

'무대빨' 이라는 게 뭘까?

처음 데뷔무대를 가진 아이돌 스타들이 지속적으로 무대에 서고 노래와 앨범을 거듭할수록 세련되고 성숙되어 진다는 것을 느낀 적이 있는가? 물론 외모가 아름다워지고 세련되어지는 것도 있긴 하나 무대에 서고 방송 경험을 쌓아가면서 스스로가 자연스럽게 연예인화 되어가는 것을 말하는 거다.

무대에 서게 되면 스스로를 자극하게 되고 무대에 어울리는 제스쳐와 말투, 행동들을 연구하게 된다. 또한, 무대 아래에서 자신을 쳐다보는 관객들을 목격하게 되고 더 나은 사람이 되기 위해 변화하게 된다.

무대라는 경험을 통해서 자신이 음악적으로 더욱 발전해야겠다는 책임과 의무감이 형성되며 이런 동기부여는 자신을 채찍질하고 발전시키는데 아주 중요한 촉매 역할을 한다.

결국, 보컬리스트로서 최고의 모습은 수많은 대중 앞의 무대에 서 있는 자신이다. 음악을 혼자서만 하고 들려 주기만 하는 음악으로도 충분하다고 생각하는 사람들이 있을지 모르겠지만 그것은 큰 오산이다. 자신의 음악을 들려주고 평가받는 무대가 없으면 결코 발전할 수 없다. 타인에게 대중에게 들려주고 보여주어야 하는 것이다.

작·편곡가에게는 녹음실이 그들의 무대일 것이며 보컬리스트에겐 마이크가 있는 녹음실 부스 역시 무대일 수 있다. 청중이 있는, 말 그대로의 무대에 설 수 있다면 더할 나위 없이 좋다. 무대의 중요성은 그 누구도 부정하거나 간과할 수 없다. 있는 그대로 사실이기 때문에….

명절날 가족 앞에서 부르는 노래, 사랑하는 이에게 고백하는 사랑의 세레나데, 친구들과 노래방에서 신나게 부르는 노래도 역시 작은 무대가 될 수 있는 것이다.

결국, 무대라는 것은 위에서 말한 것처럼 사람과의 소통을 이야기하는 것이다. 들어주는 사람이 있고 나를 바라봐주는 사람이 있고, 나 역시 그들 앞에서 자신을 보여주기 위한 준비단계를 거치는 과정. 이런 것들이 무대 위에 서는 모든 과정에 들어간다.

특히, 무대라는 특성상 긴장 가득함과 함께 최고의 집중력을 발휘할 수

밖에 없게 되며 온전히 자신에게 포커스가 맞춰진다는 것은 가장 중요한 자극제가 된다. 동료들과 50인조 합창을 하려고 무대 위에 선다고 해도 관객이 왠지 나만 보는 것 같다고 생각하는 느낌은 아주 중요한 역할을 한다.

스스로 무대를 만들기 힘들다면 학교나 학원 등에서 주최하는 발표회나 공연 등을 해보는 것도 방법이다. 노래방은 우리에게 알려진 가장 보편적인 작은 무대일 것이다. 부담될 것도 없고 이상하게 보이지도 않는다. 다만, 소리만 고래고래 지르고 술을 곁들인다거나 유흥 적인 분위기만 맞추기 위한 것이라면 결코 좋은 무대는 될 수 없다.

한 가지 팁을 주겠다.

노래방에서 친구들과 노래를 할 때 전혀 다른 멜로디로 부르는 게임을 해보자. 멜로디를 바꿔보고 가능하다면 박자와 가사를 개사하는 것도 좋다. 만약, 원곡의 느낌이 나온다면 벌칙을 받는 것이다. 이것은 비교적 재미있고 쉬운 종합연습이 될 것이다. 앙상블도 하고 하모니를 만들면서 상대음감을 키우는 것에도 도움이 되고 창의성을 키우고 작은 무대 위에 선다는 경험도 동시에 갖게 되는 것이니까.

참고로 부연하겠다. SNS나 유투브에 올리는 자신의 동영상도 자신의 무대가 된다. 요즘 같은 시대에서는 이 방법 또한 정말 효과적이다.

심지어는 이러한 방법으로 프로 음악 세계에 발탁되는 경우도 있다. 명심하자. 인터넷을 이용하는 기지를 발휘하는 것도 훌륭한 지혜이다.

이어폰 대신 돈 좀 모아서 좋은 헤드폰을 써라.

이것은 어떻게 보면 형식적이고 멋 부리는 것으로 보일 수도 있겠다. 하지만 생각하는 것 이상으로 효과적이다. 이어폰이라는 것은 대부분의 사람이 휴대할 수 있는 가장 보편적인 청취 도구이긴 하지만 너무 일반적인 데다가 당신의 귀를 상하게 할 수 있다. 또한, 미묘한 음감의 차이가 있다. 음악을 이어폰으로 듣는 습관은 좋지 않다. 특히 커널형 이어폰은 귀 안쪽으로 너무 깊이 들어와 외부 소리를 지나치게 차단하고 크게 들을 경우 청각에 심각한 손상을 입힐 수 있다. 헤드폰이라 하면 귀를 전체적으로 덮어 줄 수 있는 사이즈가 큰 것이 좋다. 적절하게 노이즈를 차단하면서 더욱 좋은 음감을 전달하며 이어폰보다 귀를 덜 자극한다. 심리적인 이유도 있다. 이어폰에 비해 존재감이 크기 때문에 스스로 음악을 좋아하고 사랑한다는 느낌을 더 크게 가질 수 있으며 타인에게 표출할 수도 있다. 자신이 음악을 좋아하고 관심이 있다는 것을 지나가는 사람들에게도 보여줄 필요가 있다.

별거 아닌 것으로 보이는가?
음악을 대하는 이 작은 변화가 당신이 음악을 접하는 자세와 태도에 생각보다 많은 영향을 줄 것이며 어쩌면 당신의 음악 인생에 큰 변화를 가져다줄 지도 모른다. 음악을 하는 사람은 외적으로나 내적으로나 음악을 한다는 기운이 느껴져야 제맛이다.
위에 설명했듯이 헤드폰은 음악에 관심을 더 두게 만드는 심리적인 촉매제 역할을 한다. 물론, 좋은 헤드폰을 쓴다고 음악을 잘하게 되는 것은 당연히 아니지만 이런 작은 변화로 음악에 대한 습관을 올바르게 바꾸고 조금이나마 자신을 자극할 수 있는 자세를 터득하기 위함인 것이다. 마음 같아서는 집에 그럴싸한 모니터 스피커와 미디장비 등을 준비하라고 하고 싶긴 하지만 그렇게까지는 말하지 않겠다. 기타를 매고 다닐 필요도 없다. 이런 작은 헤드폰의 변화만으로 음악인으로서의 자세를 갖추는 것과 생색내기에는 충분하다.

또한, 음악적 질을 높이는데도 도움이 되고 좀 더 나은 소리를 추구하는 자신의 자세교정에도 도움이 되며 최소한이나마 귀를 보호해 줄 것이다.

좋은 소리를 탐구하고 그렇게 습관을 들이고 자신이 음악을 사랑한다는 것을 조금이나마 남들에게 표현하고 생색내는 자세는 분명 필요하다.

지금까지 이런 저런 얘기들을 주저리주저리 했다.

수많은 서적과 영상매체, 학원이나 학교 등의 교육시설에서 비슷한 이야기들을 한다. 화성학, 발성 등등 수도 없이 많다.

이 책에서는 사뭇 다른 얘기들을 읊었다.

필자가 말한 것들은 사실이며 그것이 많은 도움이 될 것이며 대중음악에 접근하는 지름길이라는 것을 이 책을 읽는 독자들은 알 수 있을 것이다.

스마트폰으로 QR코드를 찍어보세요!

스마트폰으로 QR를 찍으면 영상은 유튜브에서
음원은 블로그에서 무료로 이용하실 수 있습니다.

블로그   유튜브

이제 되었다!
쉬어라!

필자가 하고 싶은 이야기는 이제 어느 정도 다 했다. 다른 수많은 서적과 강의에서 하는 얘기는 많이 참았다. 그 책들과 강연 또한 훌륭하고 필요한 것들이기에 간과하고 싶지 않으며 존중한다.

다만, 중요하게 여겨지는 것들을 핵심으로 이야기하고 다른 매체 등에서 설명하지 않았던 부분들을 모두 고백하고 싶은 마음으로 이 이야기를 시작했다.

이 책이 대미를 장식하겠다. 챕터 이름은 보시다시피

"이제 되었다. 쉬어라!!"

솔직히 이런 제목을 붙여도 될지 고민에 고민을 거듭했다. 너무나도 큰 오해의 소지가 있기 때문이다. 그래서 다시 정확하게 말하겠다.

"수고한 자들이여. 이제 쉬어라!"

조건이 있다는 말이다. 쉼은 중요하다. 진짜 쉬는 것을 말한다. 아무것도 안 하거나 다른 일이나 휴식을 갖는 것 말이다.

다만 누구? 수고한 자들이다. 수고한 자들만의 몫이다. 그들만이 누릴 수 있는 특권이다. 예전에 이 말을 학생들 앞에서 강의할 때 하곤 했는데 어떤 학생들은 '교수님께서 쉬라고 해서 지금 쉬고 있어요.' 라고 말하는 경우가 간혹 있었다. 진정 그들을 디스하겠다. 머리가 나쁘다. 그런식으로 자신이 받아들이고 싶은 것으로만 받아들이는 당신!

그러면 안된다!

왜 쉬는 것을 중요하게 생각할까? 우리가 높은 계단을 올라갈 때 중간마다 넓은 계단이 나온다. 그 계단은 생각 이상으로 놀라운 효과가 있다. 그 계단 하나로 정상까지 올라가는 힘듦을 반감시켜주기 때문이다. 만약 그것이 없다면 누구든 상당한 피로감을 느낀다. 실제로 그렇다. 넓은 계단 하나가 중간에 있으므로 해서 피로를 덜어주게 되며 정상에 갈 만한 힘을 다시 채워주게 되는 것이다.

보컬을 연습하던 한 학생이 있었다. 그 친구는 하루도 빠짐없이 미친 듯이 연습을 했다. 하루가 마치 25시간 이상인 것으로 보일만큼 보컬에 미쳐있었다. 그런 그의 열정은 너무나도 놀라웠다. 물론 많은 발전을 가져왔다.

누구나 그렇듯 정체 시기가 왔는데 그는 타고난 무서운 성격으로 강행을 했지만, 그는 더 큰 발전을 할 수 없었고 심지어는 음악에 지쳐버렸다.

공백이 없는 열정은 사람을 피폐하게 만들 수도 있고 육체적으로나 정신적으로 부작용을 가져온다.

성경에도 나오듯이 일주일이란 개념은 휴식의 중요성을 강조한 것이다. 열심히 일하고 7일 중 하루는 쉬라는 말이다. 높은 계단에서 중간의 넓은 계단 하나가 그것인 것이다. 그것을 무시하고 쉼 없이 가는 사람은 분명 빨리 갈 수 있고 높은 경지에 오를 수도 있겠지만 그 이상의 것은 이루지 못한다.

이렇게까지 이야기를 하는 이유는 강한 경고의 의미이기도 하다.

최선을 다하고 나서의 쉼은 머리를 회전시키고 이해력을 증진하고 기억력을 살려준다.

'이제 되었다 쉬어라.'라는 것은 지금까지 이 책에서 언급한 모든 것을 숙지하고 그것을 어느 정도 완성하고 최선을 다했다면 쉬어야 한다는 것을 의미하는 것이라고 강하게 말하고 싶다.

실제로 어떤 사람은 학습능력이 조금 부족하여 책을 봐도, 학원에 다녀도, 심지어는 방법을 알려줘도 잘 못하는 사람이 있다. 이런 사람들도 걱정할 필요 없다. 휴식기를 가지면서 이 책에서 말하는 방법들을 꾸준히 반복하면 놀라운 발전을 느낄 수 있을 것이다.

느리다고 걱정할 필요 없다.

조금 더 오래 걸릴 뿐이지 노력한다면 분명 이룰 수 있다.

다시 한번 강조하지만 이 모든 과정을 충분히 열심히 한 후에 일정 기간 동안의 휴식을 갖는 것은 정말 중요하다.

친절하게 정리해주겠다.

- 최선을 다하고 난 뒤에는 휴식을 가져라.

- 최선을 다하지 않았다면 절대로 쉴 자격이 없다. 왜냐하면, 그런 사람은 평소에 이미 다 쉬었다. 이제는 쉬지 않을 차례이다.

- 결코 길게 쉬지 마라. 그럼 쉬는 게 아니다. 조금 아쉬울 때 다시 열심 모드로 돌아와라. 행여나 충분한 시간적 휴식을 원한다며 리젯을 하고 있다면 음악을 포기해라. 지나치게 충분한 리젯은 모든 걸 원점으로 돌릴 뿐이다.

- 쉴 때 노래를 부르고 있는 게 쉬지 않는 것인가? 신경 쓰지 마라. 자신도 모르게 노래를 흥얼거리는 것은 하던 안 하던 좋은 것이다.

- 쉼은 말 그대로 쉬는 것이다. 어렵게 해석하지 말 것. 다른 책을 읽어도 좋고 하루 종일 이불 속에서 뒹굴어도 되고, 여행을 가거나 다른 취미 활동을 하는 것 모두 음악을 하는 당신에겐 쉼이다. 생각과 고민을 떨쳐 보내고 몸을 편안하게 만든다면 그 무엇도 좋다.

이상이다. 이 책의 모두를 읽었다. 부지런히 꼼꼼히 읽었는가? 말한 대로 연습했는가? 그렇다면 조금 쉬어보자. 짧게는 하루에서 며칠 동안만. 일주일을 넘기진 말자.

기억하라. 반드시 더 쉬고 싶다는 아쉬움이 남았을 때 돌아와야 한다. 지나친 휴식은 모든 것을 원점으로 돌릴 뿐이다.

Thanks to.

음원 편집 황성제 서미래

피아노 황성제 유영은

디자인 강민정 서미래

자문 서미래 박은환

보컬 박은환 황정미 황성제 서미래

녹음 장우영 이지홍 at 둡둡 스튜디오

숏텀패스 나만의 노래를 프로듀싱하라!

초판인쇄   2019년 1월 10일
초판발행   2019년 1월 25일

저   자   황성제
펴 낸 이   김상열 외
기 획 자   Jeph kwon
책임편집   조병훈, 신이룸
펴 낸 곳   도토리
등록번호   제2016-000031호
주   소   02873 서울시 성북구 보문로47 동남빌딩 401호
전   화   (02)929-4547
팩   스   (02)929-4548
전자우편   dotorimedia@naver.com
홈페이지   www.dotorimedia.com

I S B N   979-11-965889-0-8 (13670)
정   가   15,000원